TÚ PUEDES CAMBIAR EL MUNDO

LUCY BELL

ANAYA

Publicado originalmente en 2019, por Pantera Press Pty Limited, con el título
You Can Change the World

© Del texto: Lucy Bell, 2019
© Del diseño y la tipografía: Pantera Press Pty Limited, 2019
© De la traducción: Jaime Valero, 2020
© De esta edición: Grupo Anaya, S.A., 2020
Juan Ignacio Luca de Tena, 15. 28027 Madrid
www.anayainfantilyjuvenil.com
e-mail: anayainfantilyjuvenil@anaya.es

Primera edición: marzo 2020
ISBN: 978-84-698-6596-5
Depósito legal: M-1171-2020

Impreso en España - Printed in Spain

PAPEL DE FIBRA
CERTIFICADO

Para Adrian y Francesca,
que me enseñaron a amar el planeta
y a todas las criaturas que lo pueblan.

Un niño, un profesor, un lápiz y un libro
pueden cambiar el mundo.
MALALA YOUSAFZAI

ÍNDICE

LA TIERRA ES UN PLANETA MARAVILLOSO, hogar de asombrosas criaturas, plantas, playas, ríos, arroyos, bosques y montañas. Hay tantos animales en el mundo que ni siquiera somos capaces de contarlos, ¡solo podemos calcular una cifra aproximada! Los científicos creen que podría haber entre dos y cincuenta millones de especies distintas en la Tierra, y cada año se descubren miles de criaturas nuevas. Los seres humanos compartimos este planeta con todas ellas. La Tierra es nuestra amiga, nuestra familia y nuestro hogar.

Sin embargo, a diario presenciamos problemas que nos gustaría arreglar. Residuos en un parque verde y frondoso. Botellas de plástico enterradas en la arena de la playa. Un cubo de basura lleno a rebosar en plena calle. Un perro abandonado y escuálido. Una persona sin hogar en un día de frío.

Nos cuentan que el océano se está contaminando, que miles de animales están muriendo y especies enteras están abocadas a la extinción. Que el cambio climático está calentando el planeta, derritiendo icebergs y amenazando a los animales y a la gente.

Cuando oímos hablar de esos problemas, a casi todos nos gustaría hacer algo, pero a veces no sabemos por dónde empezar. Y algunos de esos problemas son tan grandes que parece imposible que una persona pudiera resolverlos. Pero es posible hacerlo si todos ponemos de nuestra parte.

Los seres humanos somos una de las criaturas más inteligentes que han pisado la Tierra, pero también hemos cometido graves errores. Es el momento de trabajar juntos para enmendarlos.

Y para eso, tenemos que entrar en acción.

Los niños sois el futuro: vosotros podéis salvar el mundo, paso a paso. Tal y como descubrirás en este libro, hay un montón de niños increíbles en el mundo, ¡como tú!

Si amas la Tierra y quieres unirte a esta cruzada para salvar nuestro planeta, este libro es para ti. Estas páginas contienen información, actividades e ideas para enseñaros a tu familia, a tus amigos y a ti a introducir pequeños cambios cotidianos que harán del planeta un lugar más seguro, verde y feliz. Porque proteger la Tierra es cosa de todos.

Cosas que debes tener en cuenta a la hora de cambiar el mundo:

- Empieza con lo que te resulte más fácil. No hace falta que leas este libro en orden, elige las actividades que más te motiven.
- Cambiar el mundo no es labor de un solo día, y no hace falta que lo hagas todo del tirón. La clave consiste en introducir cambios poco a poco.
- Este libro está pensado para concienciarte sobre las cosas que haces y las decisiones que tomas a diario. No siempre es posible tomar la mejor decisión, pero es importante estar informado, para así saber qué consecuencias tienen tus actos.
- ¡Salvar el planeta es divertido! Nos hemos embarcado en una cruzada para salvar el mundo y cada día podemos hacer algo que nos ayude a alcanzar ese objetivo.
- Recuerda hacer un seguimiento de tus progresos para que puedas ver todos los cambios importantes que has realizado. Todo lo que haces cuenta.

PLÁSTICO

El número de artículos de plástico que hay en la Tierra se cuenta por billones. Se calcula que, ya solo en el océano, hay más de cinco billones de piezas de este material. ¡Eso es una burrada! Con cinco billones de cucharadas de agua, podríamos llenar 9800 piscinas olímpicas. Y si juntáramos todas esas piezas de plástico, darían la vuelta al planeta más de 4000 veces.

El plástico nunca desaparece. De hecho, hasta el último trozo de plástico jamás fabricado sigue presente en la Tierra, de una forma u otra.

Los objetos de plástico se descomponen en microplásticos más pequeños, pero nunca desaparecen por completo. Los plásticos contienen sustancias químicas que son nocivas para los seres humanos. Además, los animales los confunden a menudo con alimento, así que se los dan de comer a sus crías, que pueden enfermar o atragantarse con ellos. El plástico se amontona en nuestro entorno y todo apunta a que no parará de crecer.

Vivir sin plástico nos resulta casi imposible. ¿Cuántos elementos en nuestra casa están fabricados con plástico o contienen piezas de ese material? ¡Hemos perdido la cuenta!

Sin embargo, reducir un poco su uso puede marcar una enorme diferencia. Cada vez que eliges una alternativa al plástico, estás ayudando a salvar a un animal, a limpiar nuestros océanos y a frenar la expansión de sustancias tóxicas, haciendo del mundo un lugar más feliz.

Y hay una manera muy fácil de empezar: con los plásticos de un solo uso. Se trata de objetos fabricados con plástico, como las pajitas, que solo se utilizan una vez antes de tirarlos. Muchos países están estudiando prohibir este tipo de plásticos, pero de momento es cosa nuestra hacer todo lo posible por evitarlos.

BOTELLAS DE AGUA

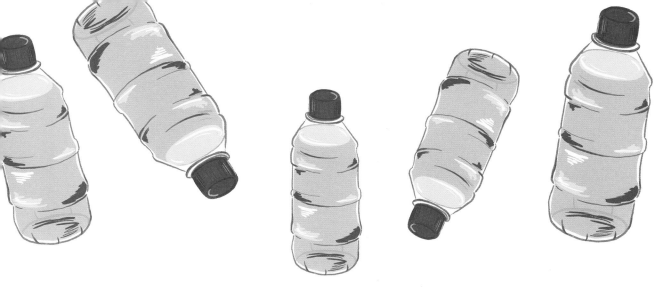

RESULTA LLAMATIVA LA CANTIDAD de botellas de agua que compramos cada año, pese a que tengamos acceso a agua potable en casa.

El agua embotellada llegó por primera vez a España hace unas décadas. Por aquel entonces, nadie creía que la gente fuera a pagar por agua embotellada cuando podían conseguirla gratis. Pero, por increíble que parezca, ¡así fue! Ahora, en nuestro país se venden unos 2600 millones de litros de agua embotellada al año. Y, encima, casi el 80 % de los envases no se reciclan correctamente. ¡Podemos hacerlo mejor!

En lugar de comprar agua en una botella de plástico, utiliza un recipiente reutilizable, como las botellas de acero inoxidable. Están disponibles en toda una gama de colores, tamaños y diseños, y te durarán mucho tiempo. También puedes empezar reutilizando botellas que ya tengas en casa..

Cada minuto, se compran más de un millón de botellas de agua en todo el mundo.

DATO En España, casi el 80 % de los envases de plástico acaban en el vertedero, incinerados o arrojados al medio ambiente.

ORGANIZACIÓN

EARTH BOTTLES

Danni Carr es una música profesional y madre de dos niños. En 2014 emprendió un negocio llamado Earth Bottles para intentar ayudar a frenar el creciente problema de los plásticos.

Decididos a hacer algo contra los plásticos de un solo uso que habían empezado a apilarse en su entorno, Danni y su marido, el músico Ash Grunwald, trabajan juntos para animar a la gente a erradicar el plástico de sus vidas. También colaboran con la Clean Coast Collection para financiar limpiezas de playas por todo el mundo.

Además de sus botellas de imitación de madera, Earth Bottles ya cuenta en su catálogo con pajitas de acero inoxidable, tazas de café, termos y bolsas de la compra.

Ideas para los niños que quieran dejar de usar plástico

1. Si llevas comida al colegio, habla con tus padres para que te la preparen sin usar plástico. Pueden utilizar una fiambrera reutilizable, envoltorios de cera de abeja (en caso de que haya que envolver algo) e incluir todos los alimentos frescos posibles. Y tampoco olvides utilizar una botella de agua reutilizable.

2. ¡Intenta celebrar una fiesta de cumpleaños sin plástico! Puedes utilizar pompas de jabón en lugar de globos, bolsitas de chuches que no sean de plástico, y cocinar recetas sencillas con tus padres en vez de comprar comida envasada. Pídeles a tus amigos que traigan regalos libres de plástico.

3. Cada vez que salgáis, recuérdales a tus padres que lleven vuestras botellas y pajitas ecológicas, y una fiambrera reutilizable para la comida.

4. Elige juguetes libres de plástico. Los libros, los juegos de mesa, los juguetes de madera, los balones y los objetos para jugar al aire libre son alternativas geniales, en lugar de esos juguetes fabricados en plástico que además vienen empaquetados en montones de ese mismo material.

CONSEJO

Usa vasos y tazas reutilizables no solo para tus bebidas caseras, sino también para las que te sirvan en cafeterías.

VASOS

DE CAFÉ

CUANDO SALGAS A LA CALLE, fíjate en toda la gente que va por ahí bebiendo café en vasos de plástico para llevar. ¡Están por todas partes!

Seguramente habrás visto las tapas de plástico tiradas por la calle, estrujadas en la cuneta o en la acera. A menudo, estas tapas SE PUEDEN reciclar. Así que, si utilizas uno de esos vasos, asegúrate de separar la tapa antes de tirarlo.

Los vasos de café desechables contribuyen en gran medida al problema de los plásticos de un solo uso. Suelen ser de poliestireno o de papel revestido con plástico, ninguno de los cuales se puede reciclar.

Si consumes muchas bebidas calientes —como té, café o chocolate—, o si conoces a alguien que lo haga, deberías plantearte comprar una taza reutilizable, como las KeepCup. Es una buena forma de reducir el consumo de plástico. Algunas cafeterías incluso ofrecen descuentos si llevas tu propia taza. Mejor aún: haz correr la voz entre estos establecimientos de los beneficios que supondría para la Tierra animar a sus clientes a utilizar alternativas más amigables con el planeta. Por ejemplo, en países como Australia están apareciendo una serie de cafeterías que se han registrado en Responsible Cafes para aprender a reducir su huella ecológica y para concienciar a sus clientes. Empieza hablando con los empleados de las cafeterías de tu barrio y anímalos a que empiecen a aportar su granito de arena.

DATO En España se sirven más de 535 millones de tazas de café a la semana en cafeterías y bares.

PAJITAS

SEGÚN UN INFORME DE GREENPEACE, España es el país de Europa que más pajitas de plástico consume. Cada una de ellas tarda más de 200 años en descomponerse. Eso significa que las pajitas que utilizas hoy seguirán en el planeta cuando vivan tus tataranietos.

Así pues, la próxima vez que pidas una bebida o un batido en la cafetería del colegio o en un restaurante, diles que no te pongan pajita.

Si quieres seguir utilizándolas, estas son algunas alternativas que puedes probar. No olvides llevarlas encima:

- pajitas metálicas, que se pueden limpiar y reutilizar;
- pajitas de bambú, que también son reutilizables;
- pajitas de papel.

Muchas pajitas acaban en la barriga de los animales marinos, dañando su salud. Algunas incluso se quedan atoradas en el hocico de las tortugas.

DATO 100 000 criaturas marinas, y alrededor de un millón de aves marinas, mueren cada año por los plásticos.

MOLLY STEER
Queensland, Australia

Cuando tenía diez años, Molly Steer convenció al gobierno de su localidad para que retirase gradualmente las pajitas de plástico de un solo uso. Ahora aspira a animar a todos los colegios de Australia a que dejen de utilizarlas. La campaña de Molly se llama Straw No More ('no más pajitas'), ¡y está consiguiendo algunos logros increíbles!

1. ¿Cuántos años tienes ahora y cuántos tenías cuando fundaste Straw No More?
Tengo doce años. Empecé Straw No More cuando tenía nueve.

2. ¿Dónde te criaste y cómo te inspiró eso en tu vida?
Nací en Cairns. Allí se encuentra la Gran Barrera de Coral y el bosque tropical de Daintree, así que es un lugar genial para vivir.

3. ¿Cuál es tu afición o pasatiempo favorito?
Me encanta nadar y hacer esnórquel. También me gusta jugar con mi perro, Fruit Loop.

4. Háblanos de Straw No More.
Cuando estaba en 4º de Primaria, después de ver un documental titulado *Un océano de plástico,* decidí hacer algo para reducir la cantidad de plástico que llega a los océanos. Pensé que, si mis amigos y yo dejábamos de utilizar pajitas de plástico, estaríamos aportando nuestro granito de arena. Cuando pregunté en mi colegio si podríamos dejar de usarlas, me pidieron que explicara los motivos en una asamblea de profesores y alumnos. Salió genial. Entonces me entrevistaron en la radio local y a partir de ahí todo fue creciendo.

5. ¿Qué te inspiró para iniciar esta campaña?
Después de ver *Un océano de plástico,* visité el Centro para la Rehabilitación de Tortugas de Cairns. Allí descubrí que, cuando una tortuga se traga una bolsa de plástico, puede padecer algo que se llama «síndrome de flotación», que le impide bucear bajo el agua. Cuando eso ocurre, no puede cazar ni protegerse frente a embarcaciones y depredadores. Me encantan las tortugas, así que quiero hacer todo lo posible por ayudarlas.

6. ¿Por qué es importante dejar de usar pajitas?

Frenar el uso de pajitas de plástico es solo el primer paso. Mucha gente ha comentado que, al darse cuenta de que no necesitan utilizar estas pajitas, se han fijado en todos los demás objetos de plástico de los que pueden prescindir.

7. ¿Cuál ha sido tu mayor logro hasta la fecha?

En marzo de 2018, mientras recibía el Premio a la Joven del Año de Cairns, le pedí al alcalde de mi ciudad que se sumara al proyecto de Straw No More y él aceptó el desafío. El gobierno regional de Cairns se convirtió en el primero de toda Australia en acceder a dejar de utilizar pajitas de plástico. También se comprometieron a retirar todos los plásticos de un solo uso de los actos y reuniones del consejo. Otros ayuntamientos de Queensland han seguido su ejemplo, y ahora todos ellos retirarán poco a poco los plásticos de un solo uso gracias a mi petición. Es maravilloso.

También he presentado una solicitud para que McDonald's Australia deje de usar pajitas de plástico. Accedieron a hacerlo para 2020, pero ¡voy a seguir insistiendo para que lo hagan antes!

8. ¿Qué consejos les darías a los niños que quieran dejar de usar plástico?

Nuestra página web incluye todos los consejos que he aprendido durante los últimos dos años para combatir la contaminación por plástico. Está enlazada a nuestro programa StrawBassadors, y mi madre ha incluido varios consejos para ayudar a los padres a que colaboren con la causa de sus hijos.

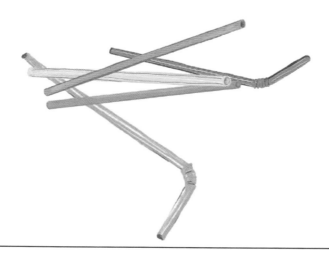

¿SABÍAS QUE...?

En el mundo hay
más flamencos
de plástico
que de verdad.

ES IMPORTANTE proteger la comida cuando la metes en la nevera. Por desgracia, lo que más utilizamos para cubrir el queso, los cuencos con restos de espaguetis y los sándwiches y chocolatinas a medio comer es film transparente, que está hecho de... Sí, lo has adivinado: ¡de plástico!

Estas son algunas de las alternativas a las que puedes recurrir para conservar la comida sin utilizar plástico:

- envoltorios de cera de abeja: algunos supermercados los venden, aunque también puedes encontrarlos fácilmente por Internet;
- tápers de silicona;
- tarros y recipientes de cristal;
- recipientes de acero inoxidable;
- envoltorios de tela, como el lino, para los sándwiches y el pan.

CONSEJO

Cuando pides comida para llevar, te la guardan en un recipiente de plástico. La próxima vez, prueba a llevar tu propio táper.

BOLSAS DE LA COMPRA REUTILIZABLES

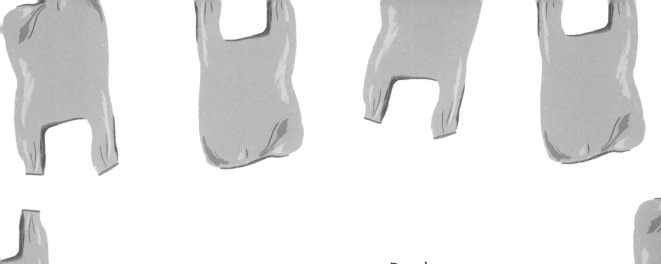

ALGUNOS SUPERMERCADOS como Lidl y Mercadona han retirado las bolsas de plástico de un solo uso. Es una gran noticia para nuestro planeta, y ya estamos percibiendo una enorme mejora. Aun así, es habitual que se sigan ofreciendo bolsitas de plástico para la fruta y las hortalizas, y aún quedan muchos otros supermercados que no han retirado todavía las bolsas de plástico.

Así pues, lleva siempre una bolsa cuando vayas a comprar. Y recuerda decir educadamente que no cuando el dependiente vaya a guardar tus productos en una bolsa de plástico.

Puedes comprar bolsas plegables para poder transportarlas con comodidad. También puedes fabricar tus propias bolsas con ropa vieja o trozos de tela que de otro modo acabarías tirando.

Cuando vayas al supermercado con tus padres, recuérdales que compren frutas y verduras sin empaquetar, y llevad vuestras propias bolsas de malla. Si no lleváis ninguna encima, ¡comprobad cuántas patatas podéis cargar entre todos!

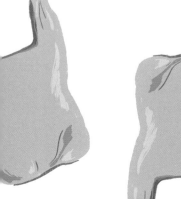

DATO

Se han hallado ejemplares de todas y cada una de las especies de tortugas con plástico dentro o alrededor de su cuerpo.

CONSEJO

Cada vez que vayas a comprar algo hecho con plástico, hazte estas preguntas:

- ¿De verdad necesito comprar esto?
- ¿Puedo comprar algún producto alternativo que no esté hecho de plástico?
- Si de verdad lo necesito, ¿puedo reutilizar el plástico de algún modo cuando haya acabado de usarlo?

AMY Y ELLA MEEK

Inglaterra, Reino Unido

Amy y Ella Meek son dos hermanas que se propusieron salvar el mundo. Tienen trece y quince años, respectivamente, y se consideran chicas normales y corrientes. Pero no piensan esperar a que los adultos reaccionen: creen que es momento de que los niños entren en acción.

Amy y Ella nacieron en Nottingham, Inglaterra, y son unas auténticas aventureras. Realizaron durante un año el desafío Year of Adventure y optaron por la enseñanza en casa, mientras recorrían Inglaterra con toda su familia a bordo de una caravana. Completaron 100 aventuras, incluyendo descender un río en canoa, dormir en el bosque, explorar una cueva y cocinar en una playa. ¡Guau! Ella cuenta que lo que más le gustó fue dormir en una playa pedregosa y ver un montón de estrellas fugaces.

Hace unos años, Amy y Ella fundaron la organización Kids Against Plastic para concienciar a la gente sobre el impacto que tienen los plásticos de un solo uso sobre el medio ambiente. Las dos hermanas han visitado colegios, asistido a festivales y conferencias,

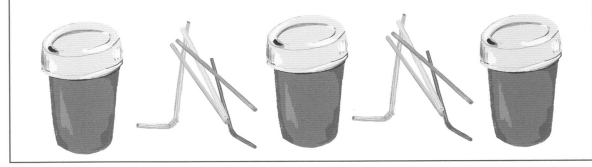

han charlado con políticos y famosos de todo el mundo y han participado en una conferencia TEDx. Además, han recorrido el Reino Unido de la mano de eXXpedition, una organización científica, compuesta solo por mujeres, que explora el océano y recoge muestras de plástico para alertar sobre los efectos que tienen sobre la salud y el medio ambiente. Amy y Ella recibieron, incluso, una carta escrita de puño y letra por la exprimera ministra británica, Theresa May.

Ahora se han embarcado en una misión para recoger 100 000 muestras de los cuatro principales tipos de plástico: una por cada mamífero marino que muere cada año en los océanos a causa de este material. Los cuatro plásticos más contaminantes son:

- vasos y tapas
- pajitas
- botellas
- bolsas

El uso creciente del plástico es un problema que requiere una solución urgente, pero gracias a la labor que realizan niños como Amy y Ella, aún hay esperanza. No hace falta que emprendas una campaña como hicieron ellas, pero sí puedes adquirir lo que estas hermanas definen como «conciencia plástica» y hacer un uso inteligente de estos productos.

Puede parecer que estos pequeños cambios no sirven de mucho, pero ¡SÍ QUE CUENTAN! Así pues, ¿a qué estás esperando! ¡Da rienda suelta a tu conciencia plástica!

ORGANIZA UNA FIESTA SIN PLÁSTICO

LAS FIESTAS DE CUMPLEAÑOS son muy divertidas, pero a veces conllevan un montón de plástico. Prueba estas ideas para conseguir una fiesta libre de plástico y respetuosa con el planeta. Ya de paso, conseguirás que tu fiesta resulte única y todavía más especial.

- Envía las invitaciones por correo electrónico. También puedes mandarles a tus invitados un paquete de semillas con una nota donde les digas que las traigan para plantarlas durante la fiesta.
- Si va a ser una fiesta pequeña, usa tus propios platos, vasos y cubertería, o anima a tus amigos a que traigan los suyos.
- Utiliza platos y tazas orgánicos o biodegradables, en lugar de los de plástico, y cubertería de bambú. Asegúrate de que provengan de una fuente sostenible.
- Reutiliza tarros de mermelada para las bebidas, en vez de vasos de plástico.
- Utiliza velas naturales de cera de abeja para la tarta.
- Emplea bolsas de papel, y no de plástico, para repartir caramelos. O, en lugar de bolsas de chuches, dale a cada invitado una maceta y unas cuantas semillas para que cultiven sus propias plantas.
- Entre las actividades libres de plástico, podéis teñir a base de nudos una camiseta o unos calcetines, hacer alfarería, jugar al escondite o a las sillas musicales, fabricar velas con cera de abeja, construir una casita para pájaros o plantar las semillas que enviaste junto con las invitaciones. Incluso podéis salir a recolectar fruta.

¡Diviértete y cambia el mundo al mismo tiempo!

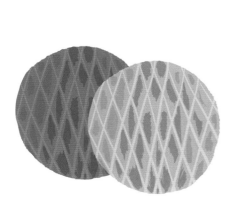

—DECORACIÓN—

En vez de usar globos como decoración para la fiesta, prueba con pompones de papel de seda, serpentinas, figuras de origami, cometas, farolillos o guirnaldas de luces solares. También puedes emplear elementos de la naturaleza, como flores, hojas, guijarros, piedras y conchas, todo ello metido en tarros reacondicionados. También puedes celebrar la fiesta al aire libre, donde la naturaleza será tu decorado.

TAMBIÉN DEBES EVITAR: purpurina, lanzadores de confeti, cotillones de plástico, manteles y banderines de un solo uso, así como los platos, vasos y cubertería de plástico.

IDEAS PARA
── REGALAR ──

Los regalos siempre resultan emocionantes al principio, pero el entusiasmo no tarda en disiparse. Intenta elegir regalos prácticos o que puedan durar mucho tiempo. También es bueno evitar los productos que vengan envueltos en un montón de plástico. Aquí te dejamos unas cuantas ideas de regalos respetuosos con el planeta:

- libros;
- juguetes de madera;
- regalos artesanales, como galletas, mermelada, peluches, un cuadro, una maceta hecha a mano, artesanía con madera o sales de baño;
- plantas, semillas y herramientas de jardinería;
- menaje de cocina y libros de recetas;
- una botella de agua reutilizable o una KeepCup;
- una fiambrera de acero inoxidable;
- lápices Sprout: son unos lápices de madera que contienen semillas que se pueden plantar cuando terminas de usar el lápiz;
- pinturas de cera de abeja o de soja;
- un cepillo de dientes de bambú;
- un kit de costura;
- juguetes fabricados con plástico reciclado;
- experiencias, como entradas para el cine o algún espectáculo, una clase de cocina, entradas para un museo, una clase de alfarería, lecciones de música, un viaje en tren o en ferri, una excursión de un día a algún sitio;
- regalos de segunda mano, como un juguete o un libro que siga en buen estado en vez de regalos físicos, puedes hacer donaciones a un hospital infantil o alguna fundación benéfica, o apadrinar un orangután, por ejemplo.

EN EL BAÑO

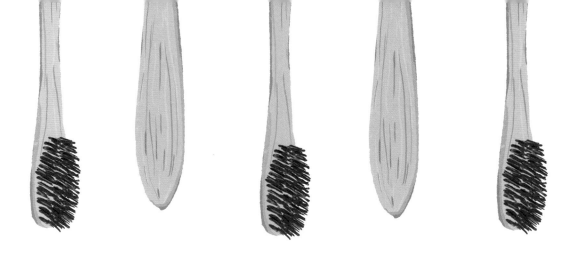

PIENSA EN TODOS los objetos de tu cuarto de baño que están hechos de plástico: cepillos de dientes, tubos de pasta dentífrica, hilo dental, esponjas y recipientes de gel, loción hidratante, champú, acondicionador, protector labial y desodorante; peines y cepillos de pelo, cuchillas de plástico, bastoncillos para los oídos, paquetes de jabón, juguetes de baño, puede que incluso una cortina para la ducha. La lista parece interminable, ¿verdad?

Empieza cambiando estos artículos de uno en uno e investiga: hay alternativas libres de plástico para la mayoría de estos productos.

DATO

Los cepillos de dientes son uno de los diez objetos más encontrados durante las limpiezas costeras.

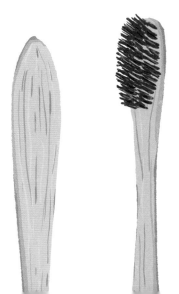

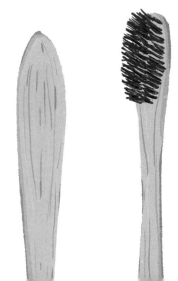

CONSEJO

Puedes usar aceite orgánico de coco para la sequedad de los labios, los codos y las rodillas. Puedes comprarlo en un tarro de cristal, y como solo tendrás que usar una pizca cada vez, ¡te durará una eternidad!

-MICROESFERAS-

Revisa las etiquetas de la pasta de dientes, el gel corporal, los limpiadores faciales, los exfoliantes, la crema solar y la loción hidratante para asegurarte de que los productos que utilizas no contengan microesferas. Las microesferas son unos trocitos de plástico diminutos que se añaden a una amplia gama de productos. Están prohibidas en varios países. España aún está pendiente de restringir su uso. Como las microesferas son tan pequeñas, acaban en nuestro sistema de alcantarillado antes de abrirse paso hasta el océano. ¡Incluso han aparecido en nuestra comida!

Para asegurarte de que los productos que tienes en casa no contengan estos trocitos de plástico tan nocivos, revisa las etiquetas en busca de estos ingredientes:

- polietileno
- polipropileno
- tereftalato de polietileno
- polimetilmetacrilato
- ácido poliláctico
- nailon

— CEPILLO DE — DIENTES DE BAMBÚ

El cepillo de dientes de bambú es una alternativa genial a los de plástico, sobre todo si tienes un compostador (ver apartado «Residuos»), porque así podrás utilizar el mango como abono.

ACTIVIDAD
DE CAMISETA A BOLSA

ACTIVIDAD

PRODUCTOS DE ASEO PERSONAL

Para reducir la cantidad de plástico que compras, prueba a utilizar champú sólido en vez del que viene en frascos de plástico. Puedes encontrar champús sólidos en tiendas como Planeta Huerto, Ajedrea y Lush, y también en algunos supermercados.

Otra opción es fabricar tus propios tintes y tratamientos para el pelo, acondicionadores, gel corporal y otros productos de higiene personal. Así, además de reducir el uso de plástico, podrás evitar ingredientes como los de esta lista, que están relacionados con una serie de riesgos para la salud:

- lauril sulfato de sodio (SLS)
- lauril éter sulfato de sodio (SLES)
- fragancia o perfume
- parabenos
- cloruro de sodio
- propilenglicol
- isopropanol
- betaína de coco (CAPB)
- formaldehído
- triclosán

DATO Los pañales desechables que usaste de pequeño durarán más que tú.

RECETAS

CUIDADO CAPILAR: Prueba las siguientes recetas o invéntate las tuyas propias, empleando ingredientes naturales como miel, aguacate, yogur natural, aceite de coco, aceite de oliva, romero, vinagre de manzana, huevos y zumo de limón.

RECETA

ACONDICIONADOR DE PLÁTANO

Este acondicionador tan dulce te dejará un pelo sedoso y brillante. Los plátanos contienen potasio, aceites naturales y vitaminas que ayudan a proteger el cabello. El aceite de oliva repara los cabellos dañados y previene la caspa. La miel conserva la humedad natural del pelo y además contiene antioxidantes beneficiosos. ¡Este acondicionador es tan natural que casi se podría comer!

Ingredientes:

- 1 plátano machacado;
- 1 cucharada de aceite de oliva;
- 2 cucharadas de miel (si es orgánica, mejor).

Procedimiento: Mezcla bien todos los ingredientes hasta que quede una pasta sin grumos, después aplícate una capa uniforme para humedecer el pelo. Espera 10-15 minutos y luego aclárate bien. Úsalo 1-2 veces por semana.

CREMA SUAVIZANTE DE MANZANA

Esta crema suavizante de vinagre de manzana está repleta de nutrientes que te ayudarán a decir adiós a los enredos y al pelo encrespado. También aporta brillo y elimina los residuos dejados por otros productos para el cabello.

Ingredientes:

- 1/3 de vaso de vinagre de manzana (busca uno que ponga en la etiqueta «ecológico», «orgánico» o «sin filtrar»; tendrá un aspecto turbio y a veces contendrá sedimentos en el fondo);
- 2/3 de vaso de agua.

Procedimiento: Mezcla el vinagre y el agua. Si tienes el cabello graso, tal vez necesites echar más vinagre; si lo tienes seco, puedes utilizar menos cantidad. Tras humedecerte el pelo en la ducha, inclina la cabeza hacia atrás para que no se te meta la mezcla en los ojos y viértela sobre tu pelo. Masajéate el cuero cabelludo, espera unos minutos y aclárate.

SALES DE BAÑO DE LAVANDA

Para un baño relajante y placentero que le vendrá genial a tus músculos —sobre todo si has realizado algún deporte o actividad física—, prueba a fabricar tus propias sales de baño en vez de comprar productos envasados en plástico. La sal de Epsom que contienen las sales de baño está hecha de sulfato de magnesio, que puede ser absorbido a través de la piel para aliviar el dolor muscular. Incluso está pensado para curar mejor las heridas.

Puedes experimentar con diversos tipos de hierbas, flores secas y aceites esenciales para crear tus propias sales. Las sales de baño también son un regalo genial, ¡y puedes decorar el tarro reacondicionado!

Ingredientes:

- 2 tazas de sal de Epsom;
- ¼ de taza de sal del Himalaya;
- 2 cucharadas de aceite de coco;
- 10-15 gotas de aceite esencial de lavanda (disponible en casi cualquier farmacia o supermercado);
- opcional: lavanda y capullos de rosa deshidratados, 2 cucharadas de camomila o té de menta, hierbas de tu jardín.

Procedimiento: Mezcla todos los ingredientes en un cuenco grande, luego almacénalos en un recipiente hermético de cristal, como un tarro viejo de miel o mermelada. Usa aproximadamente ¼ de taza de sales en cada baño.

CONSEJO

Si tienes algún té de hierbas caducado, puedes añadirlo a tus sales de baño en vez de tirarlo.

RECETA

PASTA DE DIENTES

Esta pasta dentífrica natural es ideal para el cepillado mañanero. Si el sabor te resulta poco dulce, puedes añadir una cucharada pequeña de estevia a la mezcla. Puedes comprar estevia en el supermercado o en una tienda de alimentos ecológicos.

Ingredientes:

- 1/3 de taza de aceite de coco, ligeramente rebajado;
- 1-2 cucharadas de bicarbonato;
- 15 gotas de aceite esencial de menta.

Procedimiento: Mezcla bien todos los ingredientes y almacénalos en un tarro de cristal reacondicionado. ¡Así de fácil!

—— PAÑOS ——

Utiliza paños biodegradables de fibra natural y esponjas vegetales, en lugar de las fabricadas con plástico o nailon. Así podrás tirarlas a tu compostador cuando se desgasten. Entre las fibras naturales a las que puedes recurrir, se incluyen:

- bambú orgánico
- fibras de coco
- agave
- cáñamo

— PAPEL HIGIÉNICO —

Prueba a comprar papel higiénico reciclado o de bambú. Dales prioridad a los rollos que vengan envueltos en papel y no en plástico. Una empresa que lo está haciendo bien es Who Gives A Crap. Donan el 50 % de sus beneficios a ayudar a construir aseos para la gente necesitada.

¿CUÁNTO PLÁSTICO UTILIZAS?

Durante una semana, anota todo lo que utilices que esté hecho de plástico. Al final de la semana, al lado de cada artículo de la lista, escribe lo que podrías haber hecho para evitar utilizarlo.

DATO

En el mundo se han producido más de ocho *billones* de kilos de plástico.

MODA SOSTENIBLE Y RESPETUOSA CON EL MEDIO AMBIENTE

EN LOS VIEJOS TIEMPOS, si a alguien se le rompía una prenda de ropa o unos zapatos, los enviaba a reparar. Ahora, nos limitamos a tirarlos y a comprar unos nuevos. Este cambio de mentalidad ha sido provocado por la moda desechable. Este concepto se refiere a la ropa de bajo coste que se produce en grandes cantidades y se pone a disposición de los compradores lo más rápido posible. La moda desechable hace que resulte muy fácil renovar nuestro armario, pero también implica que las prendas que compramos no duren mucho, y eso tiene un enorme impacto medioambiental.

Los españoles consumimos 34 prendas y tiramos hasta 14 kilos de ropa al año.

Lo más importante que debemos tener en cuenta al comprar ropa es la calidad frente a la cantidad. En otras palabras: es mejor que te gastes el dinero en uno o dos artículos más caros, que sepas que se han confeccionado de un modo sostenible y que te durarán mucho tiempo (calidad), en vez de comprar montones de prendas baratas que se deteriorarán enseguida (cantidad).

Comprar moda sostenible es importante por muchas razones. Entre ellas, las más destacadas son estas dos:

- La ropa está confeccionada por seres humanos, a menudo mujeres y a veces niños. A muchos de ellos apenas les pagan por su trabajo. Las marcas de moda sostenible se aseguran de que las personas que confeccionan sus prendas reciban un salario digno y se las trate con respeto.

- La confección de ropa implica el uso de sustancias químicas extremadamente nocivas y genera millones de toneladas de residuos textiles cada año. La moda sostenible aspira a reducir el impacto medioambiental de este proceso.

DATO

De las prendas que tiramos los españoles, entre 1,5 y 2,5 kilos por persona y año acaban directamente en el vertedero.

CUANDO SE TRATA DE MODA, es mejor comprar prendas confeccionadas con materiales naturales como el algodón orgánico, en lugar de fibras sintéticas como el poliéster. De ser posible, intenta comprar los productos de marcas que confeccionen prendas ecológicas y sigan las pautas del comercio justo, y que además tengan prácticas éticas y sostenibles.

Busca en las etiquetas palabras como:
- algodón orgánico;
- algodón (esto es bueno, porque es un material transpirable y natural que procede de una fuente renovable, pero también puede ser malo, porque se emplean montones de sustancias químicas en la producción de estas prendas);
- bambú;
- cáñamo;
- lino;
- poliéster reciclado;
- comercio justo;
- ecológico;
- sostenible;
- vegano;
- hecho en España.

Evita las prendas con etiquetas que empleen palabras como:
- poliéster (no se descompone y libera microfibras de plástico);
- nailon;
- rayón;
- licra;
- hecho en China;
- hecho en Bangladés.

GOOD ON YOU

Good on You está formada por un grupo de activistas, científicos, escritores, promotores y profesionales de la moda que se han unido para intentar poner fin a los problemas de la contaminación, los residuos y las malas condiciones laborales que son el resultado de la moda desechable. A través de su análisis experto, Good On You puntúa algunas de las marcas de moda más populares del mundo para asegurarse de que la gente sepa qué impacto tiene la ropa que compran sobre el planeta y sus habitantes. De ese modo, podrán tomar decisiones más éticas y mejor informadas.

¿Qué consejos les daríais a los niños que quieran saber más sobre la moda sostenible?

1. Piensa si de verdad necesitas algo antes de comprarlo.

2. Acude a tiendas benéficas o de segunda mano, o prueba con *apps* de reventa o de intercambio de ropa, antes de comprar prendas nuevas.

3. Cuida tu ropa para que te dure más.

4. Averigua qué marcas son justas con la gente, el planeta y los animales comprobando qué puntuación tienen en la *app* o en la web de Good On You.

TIENDAS BENÉFICAS

TODOS DEBERÍAMOS COMPRAR menos prendas y hacer que nos duren más. Pero ¿qué puedes hacer si necesitas ropa nueva, o si sencillamente te apetece ir de compras para divertirte? Al fin y al cabo, a todos nos encanta tener cosas nuevas. Por suerte, es posible hacer esto y ayudar al planeta al mismo tiempo acudiendo a tiendas benéficas. Reúne a unos cuantos amigos y salid en busca de gangas: hay muchos tesoros escondidos en esta clase de establecimientos, y a menudo puedes encontrar marcas de ropa de gran calidad a un precio mucho más asequible.

Si compras en tiendas benéficas, o si donas tus prendas viejas, estarás impidiendo que esos artículos acaben en el vertedero. Además, estarás colaborando con una buena causa.

Además, seguro que la ropa que compres allí te durará mucho tiempo. Las tiendas benéficas solo venden prendas que están en buen estado, ¡y los artículos de moda desechable no suelen durar lo suficiente como para venderlos de segunda mano!

DATO La industria textil es la segunda más contaminante del mundo, después de la industria petrolera.

FELIX Y FRIEDA MONTEFIORE

Nueva Gales del Sur, Australia

Felix y Frieda son dos hermanos que viven en las Montañas Azules de Nueva Gales del Sur. Felix regenta un pequeño negocio de venta de camisetas de algodón orgánico de comercio justo, que estampa con sus propios diseños dibujados a mano. Frieda es una ecoguerrera que está muy preocupada por la presencia de plástico en el medio ambiente. Realiza a cabo batidas de limpieza en los lagos y parques de su zona, ¡y ha conseguido implicar también a sus padres!

Felix

1. ¿Cuántos años tienes ahora y cuántos tenías cuando empezaste a diseñar camisetas?
Tengo diez años y empecé a confeccionar camisetas cuando tenía ocho.

2. ¿Qué te inspiró para fabricar esas camisetas?
Me he criado en una familia muy creativa. Mi madre siempre estaba haciendo estampados, así que pensé en seguir su ejemplo.

3. ¿Cuál es tu afición o pasatiempo favorito?
Últimamente me encanta grabar cortometrajes con la técnica de animación *stop-motion*.

4. Háblanos de los diseños de tus camisetas.
Mi abuelo es un fanático de los robots y los juguetes antiguos, tiene una colección enorme. Empecé a dibujarlos para divertirme y pensé que quedarían genial como diseños en camisetas.

5. ¿Por qué iniciaste tu negocio?

Porque me divertía mucho diseñando camisetas y pensé que podría ganar algo de dinero. Así pude comprar más camisetas para poder hacer más diseños. No quiero que la gente se mate a trabajar a cambio de un sueldo mísero. Deberían pagarles dignamente por su trabajo. Es lo justo. También he elegido el algodón orgánico porque es mejor para los ríos y el medio ambiente. Ha sido una buena experiencia y me ha permitido aprender un poco sobre cómo funciona un negocio.

6. Si pudieras cambiar una única cosa en el mundo, ¿cuál sería?

Haría una campaña para que todos los habitantes de la Tierra recogieran todo el plástico, lo metieran en un cohete y lo enviaran al espacio, para que llegara a otro planeta. Esto reduciría la gravedad, ¡así todos podríamos saltar más alto! Ya en serio, si pudiera cambiar una sola cosa, me encantaría reducir la cantidad de plástico que hay en la Tierra. Una vez fabricado, el plástico no desaparece. Es un gran problema.

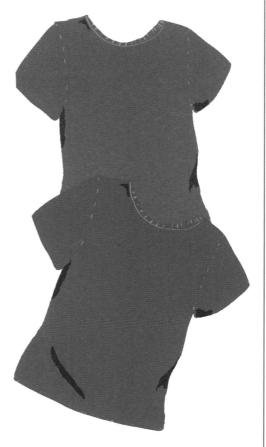

7. ¿Qué consejos les darías a los niños que quieran cambiar las cosas?

Comprueba si puedes reutilizar algo antes de tirarlo.

Haz que tus padres reciclen los plásticos blandos. Estos plásticos suponen uno de los mayores residuos en nuestros contenedores y se pueden reciclar. Solo hay que recolectarlos y llevarlos al punto limpio. A veces los adultos necesitan que alguien se lo recuerde, pero si les explicas lo importante que es, se acabarán acostumbrando.

Recicla los restos de comida para hacer compost. Es fácil. Solo necesitas un compostador y un recipiente para recoger los residuos. Tienes que sacar los restos a diario para que no huela mal. Ocúpate tú de hacerlo. Los adultos ya tienen muchas obligaciones, así que, si lo haces tú, los mayores estarán mucho más dispuestos a empezar a reciclar las sobras de comida.

Frieda

1. ¿Cuántos años tienes ahora y cuántos tenías cuando decidiste que querías cambiar el mundo para mejor?
Hará un año, cuando tenía siete, mi familia y yo vimos el documental *War on Waste* ('guerra a los desperdicios'). Me sentí muy mal al ver todo el daño que el plástico provoca a los animales. ¡Está por todas partes! ¡¡Por todas!! (carita enfadada), así que empecé a fabricar bolsas de malla reutilizables.

«Cuando los supermercados se deshicieron de las bolsas de plástico, me di cuenta de que aún quedaban bolsitas de plástico para comprar frutas, así que empecé a confeccionar bolsas reutilizables para este uso».

2. ¿Dónde te criaste y cómo te inspiró eso en tu vida?
Me crie en Newcastle y en las Montañas Azules. ¡Son dos lugares preciosos! He podido nadar en océanos, ríos y lagos, hacer senderismo, avistar animales oceánicos con mis prismáticos, y también toda clase de aves, como la cacatúa enlutada. No quiero que las bolsas de plástico acaben en los ríos y hagan daño a los animales.

3. ¿Cuál es tu afición o pasatiempo favorito?
Me encanta hacer esnórquel, nadar y montar en bici. Me gusta capturar insectos y lagartos, observarlos y luego dejarlos marchar. ¡Me encantaría que me dejaran tener más mascotas!

4. Si pudieras cambiar una única cosa en el mundo, ¿cuál sería?
Me libraría de todo el plástico que hay en los océanos y crearía un refugio para todos los animales heridos.

5. ¿Qué consejos les darías a los niños que quieran cambiar las cosas?
Pedidles a vuestros padres un cubo, unas pinzas y unos guantes, y aseguraos de que ellos también cojan los suyos. Así podréis recoger basura cuando vayáis al campo o a la playa.

SÉ TU PROPIO — DISEÑADOR — DE MODA

En el fondo, remendar la ropa no es tan difícil. Utilizando aguja e hilo, puedes reparar cualquier agujero o desgarrón en tus prendas y coser unos botones nuevos. Si al crecer se te quedan pequeños unos pantalones, puedes convertirlos en unos pantalones cortos. Encuentra nuevos usos para la ropa que ya no te valga. ¡Incluso puedes aprender a confeccionar tus propias prendas!

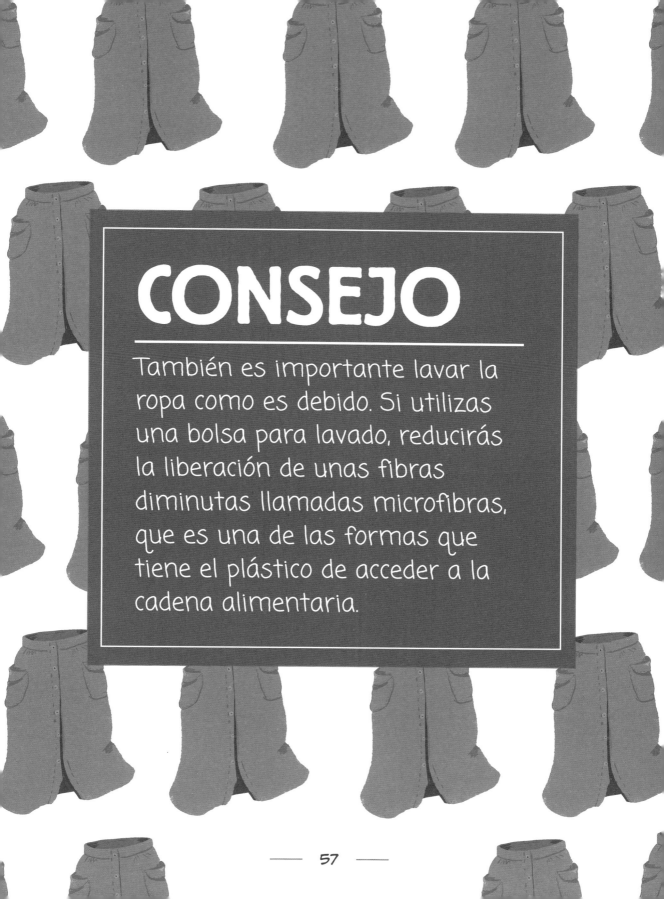

CONSEJO

También es importante lavar la ropa como es debido. Si utilizas una bolsa para lavado, reducirás la liberación de unas fibras diminutas llamadas microfibras, que es una de las formas que tiene el plástico de acceder a la cadena alimentaria.

MAYA PENN
Estados Unidos

Un día, Maya encontró un trozo de tela tirado en su casa. Como es una chica muy creativa, lo utilizó para confeccionar una cinta para la cabeza con un estampado de cebra decorado con una mariposa: la Cebraposa. Pronto empezó a diseñar toda clase de accesorios. Cuando se los ponía por la calle, la gente la felicitaba e incluso le preguntaban si los vendía.

Maya dona el 10-20% de los beneficios de su negocio a organizaciones benéficas y medioambientales.

A los ocho años, Maya emprendió su propio negocio de confección de prendas y accesorios ecológicos. Ahora tiene dieciocho y es la presidenta de su propia empresa, Maya's Ideas, que produce ropa confeccionada con materiales viejos, orgánicos y reciclados, así como fruta ecológica y tintes vegetales. A veces, ¡Maya utiliza incluso hierbas de té para teñir sus prendas!

Maya también es artista y animadora, le encanta crear sus propios dibujos animados. Lleva dibujando desde que fue capaz de sostener un lápiz, y su serie de animación, *The Pollinators,* trata sobre la importancia en nuestro entorno de polinizadores como las abejas.

¡A Maya le encantan las ideas! Gracias a su creatividad, ha sido capaz de convertir restos de tejidos en sombreros, bufandas y bolsos. También le ha permitido convertir sus dibujos en películas. Además, sus ideas le han dado pie para crear cosas nuevas y fundar su propio negocio. También ha podido ayudar a concienciar a otras marcas de moda para que se vuelvan más comprometidas y sostenibles.

Maya ha conseguido grandes logros, como ser incluida en la lista de 100 activistas por el cambio, confeccionada por el programa televisivo SuperSoul, de Oprah Winfrey. Además, recibió un reconocimiento por parte de Barack Obama, participó en una conferencia TEDx y fundó una organización sin ánimo de lucro llamada Maya's Ideas 4 The Planet, donde diseña y fabrica compresas ecológicas para mujeres y niñas que viven en países necesitados. En 2016, Maya publicó su primer libro: *You Got This!*

¡Todo empieza con una idea!

RESIDUOS

¿**ALGUNA VEZ** te has preguntado adónde va toda la basura que tiras?

Los vertederos —también conocidos como basureros o estercoleros— son los lugares donde se entierran las cosas que arrojamos a los cubos de basura, tanto los que tenemos en casa como los que hay por la calle. Suelen ubicarse a las afueras de las grandes ciudades. Por desgracia, los vertederos contaminan el entorno, el terreno y las aguas subterráneas, amenazan la fauna y producen gases de efecto invernadero, como el metano y el dióxido de carbono.

La mejor forma de colaborar pasa por reducir el número de residuos que tiras a la basura. ¡Hay un montón de formas fáciles y divertidas de hacerlo!

Todo lo que tiramos tiene que ir a alguna parte. La basura acaba en un lugar llamado vertedero.

GASES DE EFECTO INVERNADERO

Son gases que absorben el calor y la energía del sol, provocando que la temperatura de la Tierra y del aire aumente. Poco a poco, este incremento de temperatura produce efectos devastadores sobre las plantas y los animales. También provoca que suba el nivel del mar, generando lluvias más intensas, huracanes y veranos más cálidos, e incluso expande el alcance de algunas enfermedades infecciosas.

¿SABÍAS QUE...?

Cada español genera una media de 1,2 kilos de basura al día. Al cabo de un año, ¡eso supone casi el peso de una vaca adulta!

CREA UN COMPOSTADOR O UN CRIADERO DE LOMBRICES

Más de la mitad de la basura que tiramos a los cubos domésticos son restos de comida. Estas sobras, al llegar al vertedero, son una de las principales causas de los nocivos gases de efecto invernadero. Al introducir los restos de comida en un compostador o un criadero de lombrices, puedes reducir significativamente los residuos que tu familia y tú enviáis al vertedero. El compostaje también genera un mantillo rico en nutrientes, que puedes utilizar en tu jardín para que tus plantas crezcan grandes y fuertes.

¡Haz la prueba e intenta reducir el número de veces que tienes que vaciar el cubo!

CÓMO FABRICAR UN COMPOSTADOR

ACTIVIDAD

1. Decide dónde vas a colocar el compostador. Lo ideal es que se trate de un lugar seco y sombrío, donde tengas acceso a agua corriente.

2. Busca un recipiente que puedas usar como compostador. Por ejemplo, una caja de madera o un cubo de basura viejo. También, si tienes espacio fuera, puedes dedicar una porción de terreno rodeada por una tela metálica.

3. Añade unas cuantas capas marrones y verdes (consulta el apartado «Carbono y nitrógeno», a continuación) para poner en marcha tu compostador. Prueba con este orden: marrón, agua, marrón, verde, marrón, agua, verde, marrón. Las capas marrones deben ser unas tres veces más gruesas que las verdes.

4. Riega el compostador a menudo para mantenerlo húmedo, aunque sin pasarte.

5. Utiliza una pala para mezclar los residuos de la pila una vez por semana, moviendo las capas del fondo hacia arriba. Esto se hace para oxigenar el compostador y mantenerlo en buenas condiciones.

6. ¡Eso es todo! Deja un cubo pequeño o una tarrina vieja de helado en la cocina para arrojar dentro los restos de comida. Luego vacíalo en el compostador a diario. Cuando añadas restos de comida al compostador, es buena idea enterrar el material nuevo debajo de lo que ya hay.

Los residuos que tiras al compostador pueden tardar entre tres y doce meses en descomponerse. Sabrás que el proceso ha terminado porque adoptarán un color oscuro e intenso, y no podrás distinguir los materiales originales. La mezcla del compostador tendrá un aspecto y un olor similares al de un mantillo terroso. Contendrá un montón de nutrientes, así que añádelo a cualquier maceta o jardinera para aportar una dosis de energía a tus plantas.

CARBONO Y NITRÓGENO

El compostador ideal debe tener un buen equilibrio entre carbono **(marrón)** y nitrógeno **(verde)**. La proporción es de 3 a 1, más o menos. El carbono y el nitrógeno son los ingredientes mágicos de la naturaleza que ayudan a los microorganismos (como los hongos y las bacterias) a digerir tu compost.

Las capas **verdes** incluyen: briznas de hierba fresca, esquejes de plantas con hojas, restos de frutas y verduras y granos de café molidos.

Las capas **marrones** incluyen: hojas secas, mantillo, paja, heno, ramitas, jirones de periódico y cartón.

CONSEJO

Cada vez que añadas una capa verde a tu compost, pon otra capa marrón encima. Esto ayudará a que la mezcla se descomponga mejor.

¿QUÉ PUEDO — METER EN MI — COMPOSTADOR?

SÍ: Frutas y verduras, restos de poda, cáscaras de huevo, bolsitas de té o café (hay que retirar la etiqueta de plástico), café molido, jirones de papel (aunque no de revistas), flores secas, hojas caídas (en capas), madera y bambú (en palitos como los de los helados), los pelos que se quedan en el peine, fibras naturales como la lana y el algodón.

NO: Metal, plástico, cristal, revistas, carne, pescado, plantas enfermas.

FORRO DE PAPEL PARA EL CUBO DE LA BASURA

ACTIVIDAD

Lo mejor de todo es que, cuando dejas de tirar los restos pringosos de comida al cubo, puedes forrarlo con papel de periódico en vez de utilizar bolsas de plástico para la basura. O puede que no necesites ningún revestimiento.

Sigue estas instrucciones para confeccionar bolsas de basura para cubos pequeños, como los que hay en un despacho, un dormitorio o un cuarto de baño. Necesitarás una hoja grande de papel de periódico.

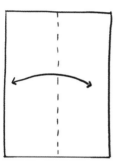

1. Dobla por la mitad, luego desdobla..

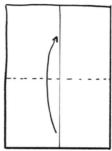

2. Dobla por la línea de puntos. Mantén la hoja doblada.

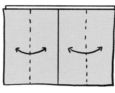

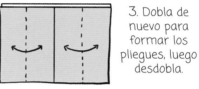

3. Dobla de nuevo para formar los pliegues, luego desdobla.

4. Dobla por las líneas de puntos horizontales. ¡Solo por un lado!

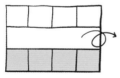

5. Dale la vuelta.

6. Dobla por las líneas de puntos.

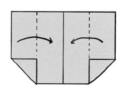

7. Dobla por las líneas de puntos.

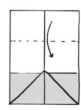

8. Dobla por las líneas de puntos.

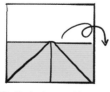

9. Dale la vuelta.

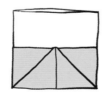

10. Abre el saquito.

11. ¡Listo!

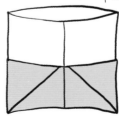

THE COMPOST REVOLUTION

The Compost Revolution es la comunidad de compostadores y criadores de lombrices más grande de Australia. Han ayudado a más de 41 700 hogares a dejar de enviar tantos residuos a los vertederos, evitando así más de 18 millones de kilos de emisiones de gases de efecto invernadero. En colaboración con 31 ayuntamientos de toda Australia, The Compost Revolution ofrece equipamiento para compostaje a precio reducido y entrega a domicilio todo lo necesario. También ofrecen tutoriales gratuitos en Internet y apoyo para ayudarte a entrar en el mundo del compostaje. ¡Así te volverás más autosuficiente, saludable y feliz!

¿Qué consejos les daríais a los niños que quieran iniciarse en el mundo del compostaje?

1. El compostaje y los criaderos de lombrices son una de las formas más fáciles y divertidas de reducir a la mitad los residuos de una familia. Si ya reciclas papel, vidrio y plástico, reciclar también la comida y los restos de poda en casa resulta sencillísimo. Solo tienes que meterlo en tu compostador o criadero de lombrices ¡y la naturaleza se ocupará del resto! Además, es uno de los pocos tipos de reciclaje que puedes realizar en casa.

2. El compostador transforma la comida y los restos de poda en un mantillo nutritivo para tu jardín y tus plantas, mientras que el criadero de lombrices convierte los residuos alimenticios tanto en mantillo como en un fertilizante líquido. Son como unas vitaminas superpotentes para cultivar frutas y hortalizas deliciosas en tu propia casa.

3. También puedes compostar otros materiales naturales como papel, pelo, polvo del aspirador, uñas y ropa vieja. ¡Puedes incluso compostar las cacas de tu mascota! Asegúrate de mantener el equilibrio adecuado entre capas verdes (nitrógeno) y marrones (carbono), aire y humedad. ¡Luego podrás ver cómo la naturaleza obra su magia!

— REUTILIZAR Y — REACONDICIONAR

¡Aprovecha tu creatividad! Crea cosas nuevas a partir de las viejas. Sácale partido a lo que ya tienes.

Además de los restos de comida, tiramos montones de cosas sin pararnos a pensarlo: juguetes rotos, ropa que se ha quedado pequeña, botellas vacías, tarros de cristal, recipientes para comida, rollos de papel higiénico, cartones de huevos, botellas de leche, cajas de pañuelos... Y la lista continúa.

Aquí te dejamos varios ejemplos acerca de cómo reutilizar esas cosas. Seguro que se te ocurren muchos más.

TARROS DE CRISTAL (por ejemplo, tarros vacíos de miel, mermelada o salsas): úsalos para organizar los objetos pequeños que tengas; crea bonitos objetos decorativos al llenarlos con conchas o piedrecitas; crea una vela resistente al viento; úsalos para almacenar mermelada casera, sales de baño o acondicionador para el pelo; guarda hojas de té o frutos secos; cultiva en ellos tus propias alubias (ver «Jardinería y actividades al aire libre»).

CARTONES DE HUEVOS: se pueden utilizar como semillero, para clasificar tus abalorios u otros objetos pequeños, o también los puedes donar a los granjeros de la zona o a cualquiera que conozcas que tenga gallinas. Nota: si decides utilizarlos para germinar semillas, puedes plantar el recipiente entero en el suelo (siempre que esté hecho de cartón). ¡Se descompondrá!

ROPA VIEJA O QUE SE HAYA QUEDADO PEQUEÑA: se puede cortar para hacer trapos. Usa las prendas más gruesas, como los vaqueros o la ropa de pana, para crear parches con los que reparar otras prendas. Si una prenda está en buenas condiciones, dónala a alguna tienda benéfica o dásela a un pariente o amigo. También puedes donar camisetas viejas para convertirlas en bolsas reutilizables. Otra opción es probar a confeccionar tus propias bolsas.

PERIÓDICOS Y TROZOS DE PAPEL: se pueden usar para forrar los cubos de basura o para cubrir el fondo de una jardinera (ver «Jardín de exterior»). Otra opción es hacerlo jirones y añadirlo a tu compostador o criadero de lombrices.

PALITOS DE HELADO Y CUCHARAS DE MADERA: escribe el nombre de tus plantas y hierbas y utilízalos como identificativos de tus plantas.

REACONDICIONAR UN PULVERIZADOR

Hay muchas formas de reutilizar un pulverizador vacío. Por ejemplo, lo puedes usar con productos de higiene personal, ambientadores o productos de limpieza. Elige un pulverizador que no contuviera ninguna sustancia química y lávalo bien. No olvides separar los pulverizadores para la limpieza doméstica de los que utilices para higiene personal. Prueba a reutilizar tus pulverizadores para los fabulosos usos que te explicamos a continuación.

DESCARGA HIDRATANTE

Llena la botella con 1/3 de agua purificada y 2/3 de agua de rosas, después añade unas gotitas de aceite esencial de camomila. Rocíalo sobre tu cara y tu piel para obtener un agradable efecto refrescante.

Consejo: también puedes preparar la mezcla con camomila fría, té verde o de menta, agua de hamamelis, zumo de pepino, agua de coco, extracto de aloe vera, aceite de vitamina E y otros aceites esenciales, como el de lavanda y el de ylang ylang. No olvides usar estos aceites con mesura: solo necesitarás unas pocas gotas.

AMBIENTADOR

No tienes más que mezclar agua y unas gotitas de tus aceites esenciales favoritos. Llena una botella vacía ¡y empieza a pulverizar!

LIMPIADOR DOMÉSTICO

Llena un pulverizador grande con agua hasta la mitad. Llena la otra mitad con vinagre blanco y 10 gotas de aceite de eucalipto o del árbol del té. Podrás utilizarlo en toda la casa y en el baño para conseguir un acabado limpio y fresco.

UNA TIERRA
FUTUROS
VOTANTES
ESTAMOS
NO HAY
UN
EL CAMBIO
CLIMÁTICO
ES REAL
STOP
ADANI
ADANI

JEAN HINCHLIFFE
Nueva Gales del Sur, Australia

Jean Hinchliffe es una activista por el clima de quince años. Habla con fervor de multitud de cuestiones sociales, políticas y medioambientales. Ha sido fundadora y principal organizadora de las protestas por el clima en las escuelas de Sídney, para luchar contra el uso de combustibles fósiles y para que Australia reduzca su huella de carbono a cero. 150 000 personas de todo el país se sumaron a la huelga. Jean ha aparecido en programas televisivos como *The Project* y *The Feed*, a raíz de su participación en las huelgas por el clima, y también ha impartido una conferencia TEDx.

1. ¿Cuántos años tienes ahora y cuántos tenías cuando te iniciaste en el activismo?

Tengo quince años, pero mi labor en el activismo comenzó cuando tenía trece y colaboré como voluntaria en una campaña para la defensa del matrimonio igualitario.

2. ¿Dónde te criaste y cómo influyó eso en tu vida?

Criarme en Australia ha tenido una influencia decisiva en mi forma de ver el mundo y de entender la gravedad de la crisis climática. Desde que tengo recuerdos, se han producido olas de calor de récord, incendios forestales que han durado semanas, informes sobre el deterioro de la Gran Barrera de Coral y sequías en comunidades vulnerables. Ser testigo de la presencia constante del cambio climático me ha motivado mucho a alzar mi voz para intentar encontrar una solución.

3. Cuéntanos lo que haces.

Soy una de las organizadoras de las huelgas estudiantiles por el clima. Hasta la fecha, hemos organizado dos huelgas multitudinarias. La primera de ellas fue en noviembre de 2018, cuando más de 15 000 alumnos faltaron a la escuela para instar a los políticos a que tomasen medidas climáticas de inmediato. La segunda huelga fue el 15 de marzo de 2019 y consistió en 150 000 personas que se sumaron a marchas por todo el país. Una cifra mucho más elevada de lo que esperábamos. Planificar esos eventos conlleva mucho trabajo; siempre tengo un correo que responder, una llamada por hacer o un documento que redactar, pero desde luego vale la pena. Cada día me enfrento a un nuevo desafío, pero trabajar con otra gente apasionada significa que podemos colaborar y encontrar soluciones juntos.

4. ¿Qué te inspiró a empezar a cambiar el mundo?

Aunque el medio ambiente es algo que me preocupa mucho desde siempre, no ha sido hasta el último año cuando decidí entrar en acción. En mi caso, uno de los principales factores fue ver el informe de la ONU que nos dejaba apenas doce años para evitar los peores efectos de la crisis climática. Yo ya sabía que el cambio climático era un problema urgente, pero contar con ese plazo tan reducido fue lo que me llevó a tomar cartas en el asunto.

5. ¿Cuál consideras que es el problema más importante?

Para mí, la crisis climática es la cuestión más grave con diferencia. Es un problema enorme y complicado, con muchos efectos a largo plazo. Por ejemplo, el aumento de las temperaturas conduce a la sequía, que a su vez provoca la muerte de los animales en ese hábitat, lo cual desequilibra la cadena alimentaria de la zona, generando un ecosistema inestable. Cuando esto ocurre a gran escala, puede desembocar en una grave pérdida de seguridad alimenticia, sobre todo en regiones en desarrollo que dependen de la agricultura local. Este es solo uno de los muchos efectos que veremos a medida que la crisis climática continúe empeorando. Puesto que solo nos quedan once años para impedirlo, es crucial que lo resolvamos lo antes posible.

6. ¿Cuál ha sido tu mayor logro hasta la fecha?

Creo que mi mayor logro ha sido el éxito de las huelgas estudiantiles. Jamás me habría imaginado que este movimiento alcanzaría tal magnitud, y me siento muy orgullosa de todos los que participaron.

7. ¿Qué consejos les darías a los niños que quieran cambiar las cosas?

¡Todos podemos aportar nuestro granito de arena! Una buena forma de empezar es reducir tus residuos de plástico, utilizando una pajita metálica y una botella de agua reutilizable y prescindiendo de las bolsas de plástico. Puedes montar un club medioambiental con tus compañeros de clase, organizar una batida de limpieza en algún parque de tu localidad, participar en una huelga estudiantil (¡o ayudar a planificar una!), o emprender cualquier acción que consideres que tendrá un efecto positivo. Si todos ponemos un poquito de nuestra parte, podremos conseguir un impacto gigantesco.

COMPRAR MENOS ES BUENO PARA EL PLANETA

Uno de los pasos más importantes para reducir el número de cosas que tiras a la basura es comprar menos. Y una de las maneras más sencillas de comprar menos es evitar irse de tiendas, salvo que te haga falta de verdad. Intenta no convertir las compras en una actividad recurrente con tus amigos. Verse rodeado por artículos nuevos y estimulantes puede hacer que resulte difícil resistirse a comprarlos. En vez de eso, intenta pensar en todas las cosas que ya tienes y busca nuevas formas de utilizarlas. Si no te queda más remedio que ir de tiendas, redacta una lista concreta con todo lo que necesitas y compra solo lo que aparezca en ella. Piensa bien lo que vas a comprar y si de verdad lo quieres o lo necesitas.

Hay tres cosas muy sencillas que puedes hacer cada vez que vayas a tirar algo a la basura:

1. **PARA:** Antes de tirar algo a la basura, párate un momento.

2. **PIENSA:** ¿De verdad necesitas tirarlo o es algo que podrías reutilizar? ¿Podrías reciclarlo, dárselo a alguien o meterlo en un contenedor benéfico? ¿Es comida o algo que puedas meter en tu compostador o criadero de lombrices?

3. **HAZTE PREGUNTAS:** ¿Por qué tienes este producto? ¿De verdad necesitabas comprarlo si ahora lo vas a tirar? ¿Está hecho de plástico? ¿Podrías haber evitado comprarlo?

Si sigues estos pasos, serás más consciente de tus decisiones en el futuro y evitarás comprar cosas que en el fondo no necesitas.

LIMPIEZA DE PLAYAS Y PARQUES

¿ALGUNA VEZ HAS realizado una jornada de limpieza con tu colegio? Hay montones de actividades de limpieza a las que tu escuela puede sumarse. Incluso puedes organizar una con tus amigos.

Un mundo más limpio es un mundo mejor y un lugar más seguro para plantas y animales.

Hay mucha basura tirada a nuestro alrededor. Estropea el paisaje y puede resultar dañina para la fauna local. Cuando veas basura, tírala a un contenedor. Y si no hay ninguno cerca, llévatela a casa. Jamás dejes basura tirada en el suelo.

Se prevé que en 2050 habrá, por peso, más plástico en el océano que peces. Una organización llamada Take 3 for the Sea aspira a reducir la contaminación global por plástico. Para ello, nos animan a todos a recoger tres restos de basura cada vez que vayamos a la playa, al río o a cualquier otra zona, aunque no la hayamos tirado nosotros. Con este gesto tan simple, se consigue un efecto muy positivo.

RECICLAJE

La mayoría de la gente no tiene muy claro lo que se puede reciclar y lo que no, así que aquí te dejamos una guía rápida. Pero recuerda: el reciclaje es el último recurso. ¡El objetivo es no tener ningún producto que sea necesario reciclar!

Puedes meter estos productos en los cubos de reciclaje de tu barrio:

- plástico duro;
- vidrio;
- cartón;
- papel;
- metales y latas (incluidas las latas de aluminio y los botes de laca y desodorante);
- cartones de zumo y leche.

Cosas que debes tener en cuenta:

- Asegúrate de que los recipientes estén vacíos.
- Tantos los tarros como sus tapas se pueden reciclar, pero tienes que separarlos al meterlos en el contenedor.
- Deja los productos sueltos, no amontonados dentro de otros productos como bolsas o cajas.

CONTENEDORES

En España tenemos principalmente cuatro tipos de contenedores:

El CONTENEDOR AMARILLO es para envases de plástico, de metal o bricks.

- **Envases de plástico:** productos de higiene y limpieza, bandejas de alimentos, envoltorios, tarrinas de yogur, bolsas.
- **Envases de metal:** latas, aerosoles, botes de desodorante, tapas metálicas.
- **Bricks:** de leche, zumos, sopas, etc.

No meter en este contenedor: juguetes de plástico, utensilios de cocina de plástico, cápsulas de café, cubos de plástico o vasos de papel.

Aunque está bien deshacerse del plástico de un modo responsable, es mejor evitarlo por completo. Además, algunos plásticos solo se pueden reciclar una vez, lo que significa que tarde o temprano acabarán en el vertedero.

Al **CONTENEDOR AZUL** va destinado el papel y el cartón.

- **Papel:** de escribir, de envolver, periódicos, revistas...
- **Cartón:** cajas de calzado, de alimentos, etc.

No meter en este contenedor: pañales, papel de cocina, servilletas o cajas de cartón con restos alimenticios.

El **CONTENEDOR VERDE** sirve para reciclar el vidrio: botellas de vino, perfumes, tarros de alimentos, etc.

No meter en este contenedor: objetos de cristal (hay que diferenciar el vidrio y el cristal), espejos, bombillas o vajilla.

En el **CONTENEDOR GRIS** debes meter todo aquello que no se puede reciclar en los contenedores anteriores. La buena noticia es que algunas comunidades autónomas empiezan a contar ya con un **CONTENEDOR MARRÓN** para restos orgánicos.

También existen **PUNTOS LIMPIOS** donde puedes reciclar ropa, aceites, aparatos eléctricos, pilas, CD, medicamentos, escombros, halógenos o pinturas.

¿SABÍAS QUE...?

Muchos juguetes están hechos de plástico, y aunque son muy divertidos, lo más probable es que no los uses eternamente. Haz la prueba de dividir tus juguetes entre los que están hechos de plástico y los que no.

Elige cuáles son tus juguetes favoritos y cuídalos, para que así no tengas que tirarlos y comprar unos nuevos. Cuando se te rompa uno, mira a ver si puedes arreglarlo en vez de tirarlo. Y si de verdad ya no los necesitas, dónalos a una ONG.

ELIF BILGIN
Turquía

A Elif Bilgin siempre le ha gustado aprender. Aprendió a leer sola cuando tenía cuatro años, para así poder empezar a leer libros de ciencia. Más tarde, cuando tenía ocho años, comenzó a inventar. Su primer proyecto fue crear unos limpiacristales para sus gafas.

A los catorce años, quiso hacer algo para ayudar a reducir la contaminación por plástico en el Bósforo, el principal río de su ciudad natal: Estambul, en Turquía. Y cuando empezó a leer y documentarse, descubrió que Tailandia tira miles de kilos de piel de plátano a diario. Aquello le dio una idea. Decidió inventar un modo de convertir las pieles de plátano en bioplástico.

Elif empezó a experimentar. Le llevó dos años y doce experimentos —diez de los cuales fueron fallidos—, hasta que acabó teniendo éxito. Entonces presentó su proyecto al Premio Science in Action de Google ¡y lo ganó!

Además de obtener un premio de 50 000 dólares en metálico, Elif inspiró a muchos jóvenes a exprimir su creatividad y a buscar soluciones originales para salvar el planeta.

TAKE 3 FOR THE SEA

Take 3 for the Sea defiende que los actos más sencillos ayudan a resolver problemas complejos. Combinando los conocimientos de la ecologista marina Roberta Dixon-Valk, la joven pedagoga Amanda Marechal y el defensor del medio ambiente Tim Silverwood, Take 3 se fundó en 2010 con el objetivo de reducir la contaminación global por plástico a base de concienciar y animar a la gente para que participe y ayude a resolver el problema.

¿Qué consejos les daríais a los niños que quieran reducir la contaminación por plástico?

1. A través de la educación, Take 3 está construyendo un movimiento de gente conectada con el planeta. Cuando la gente comprende el problema, ¡se anima a actuar!

2. **Participación:** Llévate tres piezas de basura cuando vayas a la playa, al río o a cualquier otra parte. Así habrás aportado tu granito de arena.

3. **¡Únete al movimiento!:** Comparte con tus amigos y familiares tus fotos #Take3fortheSea y anímalos a que compartan también las suyas. Cada residuo que se retira del entorno genera un planeta más saludable y feliz. Proteger el planeta nos corresponde a todos, y los actos sencillos, cuando se multiplican, pueden tener un efecto muy grande.

COMIDA

LA COMIDA nos hace felices. Está deliciosa, nos hace sentir bien y nos anima a reunirnos con nuestros seres queridos para disfrutarla. Pero también es una de las principales causas del uso de plástico y la generación de residuos. Seguro que a veces lees las etiquetas de la comida que compras, o revisas los ingredientes, y a menudo te topas con un montón de palabras que no habías oído nunca o que ni siquiera sabes pronunciar. Pues no eres el único: ni siquiera los adultos saben qué son muchas de ellas.

Entre las cosas que podemos hacer para ayudar a cambiar el mundo, se incluye saber de dónde proviene nuestra comida, de qué está hecha, adquirir alimentos de productores locales, comprar solo lo que necesitamos y consumir toda la comida para no desperdiciarla.

Además de aprender a reducir el uso y el desperdicio del plástico, debemos asegurarnos de consumir alimentos que se hayan producido de un modo ético y respetuoso con el medio ambiente.

SUPERMERCADOS

VS.

MERCADOS TRADICIONALES

Lo más importante de la comida es saber de dónde procede. ¿Es un producto local o ha tenido que viajar cientos de kilómetros para llegar hasta ti? Al comprar carne, fruta y verduras en un supermercado, puede resultar difícil averiguar de dónde procede exactamente o qué procesos se han utilizado en su producción.

Pero cuando compras en mercados tradicionales, puedes hacerte una idea mucho más clara de todos los pasos que ha seguido la comida para llegar hasta ti. Puede que incluso conozcas a los granjeros que cultivaron los alimentos. Ellos son una fuente increíble de información sobre los alimentos que consumes.

Aquí tienes seis preguntas que puedes hacerle a un granjero la próxima vez que lo veas en un mercado:

Saber de dónde procede tu comida también puede ayudarte a entender cómo se cultiva y de qué está hecha.

- ◆ ¿Qué productos emplean para contener las plagas y las malas hierbas?
- ◆ ¿Qué clase de fertilizantes utilizan?
- ◆ ¿Hace cuánto tiempo que cosechó sus productos?
- ◆ ¿De qué se alimentan sus animales?
- ◆ ¿Cuánto ejercicio hacen y de cuánto aire fresco disfrutan sus animales?
- ◆ ¿Podría ir a visitar su granja?

Muchos mercados tradicionales —y también algunas tiendas— venden frutas y hortalizas que a veces se consideran «feas» o «deformadas». Por increíble que parezca, el 45 % de las frutas y hortalizas que se producen en el mundo son rechazadas por los supermercados porque no tienen un aspecto perfecto, pese a que el sabor sea el mismo. Así que cuando veas un limón demasiado redondeado, una zanahoria un poco torcida, una naranja con un trozo marrón o una fresa que parezca un poco deslucida, no des por hecho que están malos. Estarán tan buenos como cualquier otro, y al comprarlos, impedirás que esas deliciosas frutas y hortalizas se echen a perder.

LOS DIFERENTES TIPOS DE HUEVOS

SEGURAMENTE HABRÁS OÍDO que las gallinas que ponen huevos se catalogan de varias formas diferentes: criadas en jaula, libres de jaula y camperas. Tal vez hayas oído hablar del tamaño de las jaulas en las que a veces guardan a estas gallinas, con miles de ellas apretujadas en espacios incómodos y estrechos. No es fácil saber qué huevos comprar solo con mirar el envase, pero aquí te dejamos unos cuantos consejos muy útiles:

- Desconfía de los términos «huevos de granja», «huevos naturales» o «libres de jaula». Las gallinas criadas en esas condiciones no pueden salir al campo a extender sus alas. A menudo tienen que permanecer recluidas en un espacio pequeño durante la totalidad de sus vidas.
- Busca huevos de gallinas camperas: eso significa que las gallinas tienen espacio para corretear y buscar comida a campo abierto, así pueden comer la hierba y los bichos que les apetezca.
- Huevos orgánicos: aunque estas gallinas no son alimentadas con pesticidas sintéticos, hormonas ni antibióticos, el espacio en el que viven suele ser muy pequeño. Investiga siempre la granja para averiguar cuánto espacio les dedican y cuántas gallinas viven en ella.

¿CUÁNTAS GALLINAS — POR HECTÁREA? —

En España, para que unos huevos se consideren camperos, los productores no deben tener más de 2500 gallinas por hectárea de terreno. Por desgracia, eso sigue sin reportarles todo el espacio que necesitan. En algunos países se están promulgando leyes que exigen que se indique el número de gallinas por hectárea en los cartones de huevos. Se trata de una información clave para el consumidor, pues cuanto menor sea el número de gallinas por hectárea, mejor.

QUÉ PUEDES — HACER —

- Compra huevos de productores locales. Así podrás averiguar en qué condiciones viven las gallinas, de qué se alimentan y de cuánto espacio disponen.
- Acude a mercados tradicionales y pregunta a los granjeros por sus gallinas.
- Si tienes espacio, podrías plantearte incluso criar tus propias gallinas.

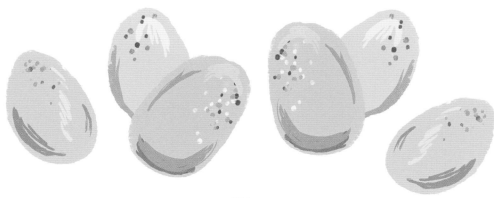

KATIE STAGLIANO
Estados Unidos

Katie Stagliano sueña con erradicar el hambre y cuenta con una solución saludable. Su sueño comenzó cuando estaba en 3.º de Primaria y a su hermano y a ella les regalaron unas semillas de col. Decidieron plantarlas en el jardín de su casa. Mientras Katie cuidaba de su pequeño huerto, la col empezó a germinar. Creció tanto que tuvo que pedirle a su abuelo que le ayudara a construir una verja a su alrededor para que los animales silvestres no se la comieran. Con el tiempo, la col creció hasta alcanzar un peso de 18 kilos.

Pero ¿qué podría hacer Katie con esa col tan especial? La respuesta se le ocurrió una noche, durante la cena: se la daría a familias necesitadas.

Donó la col a un comedor local, ¡donde cocinaron una sopa que dio para alimentar a 275 personas!

A partir de ahí, fundó Katie's Krops, que anima a los niños a crear sus propios huertos. Ahora, miles de niños se ocupan de atender más de un centenar de huertos dependientes de la marca y ayudan a erradicar el hambre en sus comunidades. En 2018, Katie's Krops donó más de 17 000 kilos de productos agrícolas a personas necesitadas.

Katie incluso escribió un libro para niños, *Katie's Cabbage,* que ha recibido varios premios.

LA INDUSTRIA CÁRNICA

AL COMPRAR CARNE en un supermercado, no sabes cómo ha sido criado el animal, qué trato se le dispensó, qué hormonas o antibióticos se le administraron, o siquiera si pudo pastar al aire libre. Por desgracia, la industria cárnica puede ser muy cruel y a veces no trata a los animales como es debido.

Hay dos cosas que puedes hacer para mejorar esta situación. Para empezar, puedes tratar de reducir la cantidad de carne que consumes. Al hacerlo, estarás ayudando al medio ambiente. El ganado vacuno y bovino producen gas metano, que es un gas de efecto invernadero. Comer menos carne significa que hará falta criar menos animales, lo que implicará una menor producción de este tipo de gases.

En segundo lugar, puedes comprar la carne en una carnicería local o en un mercado tradicional, en vez de un supermercado. Así podrás averiguar qué trato le dispensaron al animal y asegurarte de no estar apoyando la crueldad contra los animales.

CONSEJO

Si reduces el consumo de carne, asegúrate de obtener proteínas de otras fuentes. Recuerda consumir más alimentos como lentejas, judías, garbanzos y frutos secos para conseguir los nutrientes necesarios.

JOSH MURRAY
Victoria, Australia

La edad media de un granjero australiano es de cincuenta y seis años, pero ¡Josh Murray empezó a vender los huevos de su granja familiar cuando apenas tenía nueve! Empezó con los establecimientos de la zona y después pasó a mercados tradicionales. Ahora que ha cumplido los dieciocho, dirige Josh's Rainbow Eggs, una granja que produce 55 000 huevos camperos a la semana. Josh resalta la importancia de tratar bien a sus gallinas y asegura que cada gallinero cuenta con su propio trato personalizado.

1. ¿Cuántos años tienes ahora y cuántos tenías cuando iniciaste tu negocio de venta de huevos?

Tengo dieciocho años y tenía nueve cuando empecé con el negocio.

2. ¿Dónde te criaste y cómo te ha inspirado eso en tu vida?

Cuando tenía seis años, mis padres compraron una granja de 50 hectáreas en Macedon Ranges. Los primeros animales que tuvimos fueron cobayas y gallinas. De no haber sido por eso, jamás habría emprendido mi negocio de venta de huevos. Además, mi madre me educó en casa y vio en ese negocio una oportunidad genial para que yo adquiriese habilidades importantes. ¡Lo que no pensó es que se convertiría en un negocio tan grande!

3. ¿Qué te inspiró para emprender tu negocio?

Cuando tenía nueve años, mi madre me dijo: «¿Por qué no te encargas tú de cuidar a las gallinas y te quedas el dinero de la venta de los huevos?». Teníamos cuarenta ejemplares, lo cual no parecía implicar mucho trabajo, así que acepté encantado. Al principio, vendía los huevos a los vecinos por cuatro dólares la docena. Después amplié el gallinero y comprendí que necesitaba nuevos clientes. El nombre se me ocurrió cuando una amiga abrió un cartón en el que, además de huevos blancos y marrones, había algunos verdes y azules de gallina mapuche, e incluso un huevo rosado. «¡Estos huevos parecen un arcoíris!», exclamó. Y de ahí vino lo de Josh's Rainbow Eggs. Empecé a visitar algunas tiendas de Gisborne, el pueblo de al lado, y a venderles los huevos a los empleados. La cosa fue bien, así que adquirí más gallinas y empecé a acudir a mercados tradicionales. Al cabo de un año, más o menos, empecé a trabajar con supermercados locales e independientes. El salto más grande fue contactar con la cadena de supermercados Coles en 2014. El gerente nacional se portó genial y al cabo de unos meses empezamos a distribuir huevos directamente a los Coles de nuestra región. El negocio despegó. Ahora, cuatro años después, la granja tiene más de 10 000 gallinas y distribuimos a veinticuatro centros Coles, quince Woolworths y doce supermercados independientes.

4. Háblanos de Josh's Rainbow Eggs.

Producimos huevos camperos de verdad. A lo largo de nueve años, creemos haber desarrollado el modelo de producción de huevos más sostenible de Australia. Nuestro innovador sistema de crianza es ético y renovable. Las gallinas duermen en pequeños cobertizos móviles, alimentados con energía solar, que van rotando a lo largo del prado. Los huevos se distribuyen directamente desde nuestra granja hasta los locales de Coles y Woolworths, en las regiones de Victoria y Melbourne. Visitamos cada tienda semanalmente, tratamos directamente con los clientes y, en ocasiones especiales, incluso llevamos nuestras gallinas a los establecimientos para que los niños puedan jugar con ellas. También creamos una plataforma de donación con un banco de alimentos, con la que nuestros clientes pueden regalar huevos que van a parar a familias necesitadas. He dado charlas en miles de colegios acerca de mi negocio de venta de huevos y estoy a punto de lanzar un programa de educación y docencia en la propia granja, que permitirá a los niños ver de primera mano cómo es una granja verdaderamente sostenible. Con la ayuda de docentes y pedagogos, estoy diseñando material de estudio sobre agricultura sostenible. También estoy escribiendo un libro para niños en el que cuento mi historia. Espero poder inspirar a toda una generación de jóvenes.

5. ¿Por qué es importante comprar huevos camperos y ecológicos?

Ser una gallina implica escarbar, picotear y revolcarse entre el polvo. Las gallinas no pueden hacer nada de eso dentro de un cobertizo o una jaula. Así pues, para que una gallina pueda dar rienda suelta a sus instintos, necesita estar al aire libre. El bienestar de las gallinas es mi prioridad. Les proporciono la que creo que es la mejor vida que una gallina puede tener. Viven en grupos pequeños, lo cual hace que se estresen mucho menos, ya que se conocen entre sí. Nuestras gallinas siempre tienen acceso a pastos frescos y todas salen a campo abierto a diario. Además, cuando dejan de poner huevos, se las damos a criadores minoristas, para que puedan vivir muchos más años

6. ¿Cuál ha sido tu mayor logro hasta la fecha?

Nuestra colaboración con el banco de alimentos. En dos años, hemos donado más de 250 000 huevos a familias de Victoria. Además, gané el People's Choice

Award en 2018, en la categoría de jóvenes emprendedores de Victoria. Aquello demostró lo mucho que a mis clientes les gustan mis productos y lo fieles que son, pues se tomaron la molestia de votarme.
Fue un gran honor.

7. ¿Tienes algún consejo sobre la mejor forma de comprar huevos?

Si no puedes comprar mis huevos, investiga la marca en cuestión. La transparencia es importante: un negocio debería tener su propia web y su página de Facebook con fotos y una descripción de su filosofía. Es importante saber cómo cuidan de sus gallinas y qué clase de granja regentan. Así, como consumidor, podrás tomar una decisión con conocimiento de causa.

8. ¿Qué es lo que más te gusta de las gallinas?

Me encantan los ruidos que hacen. Son sonidos que denotan felicidad y curiosidad, y siempre están afanadas buscando bichos y cosas deliciosas que comer. Algunas gallinas tienen una personalidad única. Hace tiempo tuvimos una gallina a la que llamamos Tractorista, ya que cada vez que salíamos al prado con el tractor, pegaba un salto y se metía por la ventanilla para sentarse en el asiento infantil.

PESCA

SOSTENIBLE

LOS OCÉANOS DEL PLANETA son lugares vastos y hermosos. Albergan ecosistemas con una diversidad increíble, incluyendo costas exuberantes, asombrosos arrecifes de coral, amplios océanos abiertos y profundidades misteriosas donde no llega la luz. Pero nuestros océanos están siendo amenazados por la pesca abusiva.

La sobrepesca se produce cuando los peces son extraídos del agua tan rápido, y en tales cantidades, que las especies no pueden repoblarse. Esto tiene efectos graves sobre el ecosistema en el que viven, ya que muchas otras criaturas marinas también dependen de esos peces para alimentarse.

Como muchos de los peces que capturamos son herbívoros, los arrecifes de coral también están en peligro, ya que la sobrepesca impide que queden peces suficientes para comerse las algas y mantener el delicado equilibrio de los arrecifes. En resumen, la pesca abusiva tiene efectos devastadores sobre los ecosistemas marinos.

Necesitamos concienciar a la gente de los peligros de la pesca abusiva y animarles a apoyar los métodos de pesca sostenible.

La pesca sostenible implica métodos de captura que tengan un impacto mínimo sobre el entorno marino y las poblaciones de peces. Los peces son capturados en su medio natural, a partir de especies que se reproducen rápido, empleando métodos que no dañan los ecosistemas ni a otras criaturas marinas. También se puede recurrir a la acuicultura, que consiste en criarlos en pequeños sistemas de cultivo que no destruyen los hábitats oceánicos.

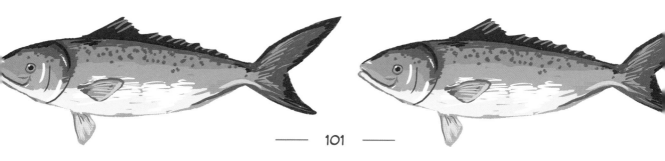

DATO

En la actualidad, más del 55 % de los arrecifes del mundo están amenazados. Es más, en el Sudeste Asiático, un alarmante 95 % de los arrecifes están en apuros.

¿QUÉ PUEDES —— HACER? ——

- Infórmate: habla siempre con el pescadero, el empleado del supermercado o el camarero antes de pedir un pescado. Estas son algunas de las preguntas que les puedes formular:
  - ¿Sabe si esta especie se pesca en cantidades sostenibles?
  - ¿Sabe si los métodos de captura empleados fueron diseñados para minimizar el daño al medio ambiente y a otras criaturas marinas?
- Súmate a una campaña para asegurar que el pescado se etiquete como es debido, para informar a la gente de qué especie se trata, de dónde proviene y cómo fue criado o capturado.
- Escribe una carta a un periódico, presenta una solicitud, contacta con tu ayuntamiento o simplemente informa a tu comunidad. ¡Haz correr la voz!

La Certificación MSC establece los estándares para la pesca sostenible. Los pescados y mariscos señalizados con un pez azul proceden de pesquerías bien gestionadas que salvaguardan los recursos pesqueros.

PREPARA UN ALMUERZO ECOLÓGICO

PREPARAR UN ALMUERZO ecológico implica evitar los envases de plástico y generar residuos. Empieza por comprar una fiambrera de acero inoxidable. Una caja bento con varios compartimentos puede ser una gran opción, así no tendrás que utilizar más envoltorios para separar la comida.

Aquí te dejamos varias ideas para empezar:

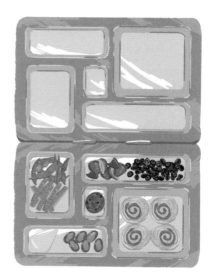

- Consume alimentos que tengan su propio envoltorio natural, como manzanas y plátanos. No hace falta meter la fruta en un plástico, ¡ya viene envuelta! Y no olvides llevarte las mondas de fruta a casa para hacer compost.
- Evita los alimentos que vengan envueltos individualmente en plásticos blandos, como las chocolatinas y los gusanitos.
- Para reducir los envoltorios, prepara tus propias galletas, barritas de muesli o muffins salados, y compra los frutos secos a granel.
- Cuando compres pan para hacer bocadillos, hazlo en una panadería y lleva tu propia bolsa. ¡Incluso puedes probar a hornearlo tú mismo!

CONSEJOS

- Aprovecha siempre las sobras, no las tires. Guárdalas en el frigo para comértelas más tarde o métalas en tu compostador.
- Organiza la nevera de tal modo que los alimentos que vayan a caducar antes estén en primera fila.
- Compra frutas y hortalizas «feas», e intenta que sean alimentos de temporada. Puedes buscar en Internet cuáles son esos alimentos según la época del año.
- Cuando vayas a un restaurante, llévate un recipiente reutilizable y pregunta si puedes llevarte las sobras a casa para comer al día siguiente.

APROVECHA LO QUE TIENES

Cuando se trata de comida, una de las cosas más importantes es aprovechar lo que tienes. Antes de salir a comprar más, comprueba si puedes usar tu creatividad para preparar algo con lo que tienes a mano, sobre todo fruta y verdura. Antes de que tus padres tiren (o composten) cualquier fruta u hortaliza, mira a ver si puedes utilizarlas para estas recetas.

CALDO

Preparar caldo es una forma genial de aprovechar las hortalizas o los huesos de carne. Este caldo se puede emplear luego para preparar sopas, guisos, salsas, estofados y *risottos*.

Ingredientes:
- hortalizas tales como cebollas, apio, zanahorias, pepinos, nabos, puerros, chalotas y hierbas;
- hojas de laurel;
- huesos de pollo, ternera o cordero (opcional).

Procedimiento:
1. Trocea las hortalizas y colócalas en una olla grande. ¡Ni siquiera te hará falta pelarlas!
2. Añade el agua justa para cubrir los ingredientes.
3. Pon la olla a fuego medio-alto y espera a que hierva el agua.
4. Baja el fuego y deja que se cocine a fuego lento durante al menos 1-2 horas. ¡Cuánto más tiempo, mejor!
5. Apaga el fuego y cuela el líquido en otra olla o recipiente.
6. Podrás conservar el caldo en la nevera durante 3-4 días, o hasta seis meses si lo congelas.

Para convertir tu caldo en una deliciosa sopa de fideos con pollo, añade pollo, maíz, fideos, zanahorias troceadas, hierbas frescas y una pizca de sal, y cocínalo todo en el caldo. También puedes añadir cualquier otra hortaliza fresca que te apetezca.

Consejo: Utiliza un prensa patatas para triturar todas las hortalizas en el líquido antes de colar el caldo. Así obtendrás el máximo sabor de tus ingredientes. Pero ten cuidado: ¡el líquido quemará mucho!

RECETA

CRUJIENTE DE MANZANA

Si las manzanas que tienes en casa se quedan un poco pasadas, no tienes por qué tirarlas. Una forma genial de utilizar manzanas añejas —o una combinación de frutas, tales como peras, melocotones, ciruelas o frutos del bosque— es preparar un crujiente.

Ingredientes:

Relleno:
- 4 manzanas medianas;
- ½ taza de azúcar blanco;
- 1 cucharadita de canela en polvo;
- 2 cucharadas de zumo de limón.

Cobertura:
- 1 taza de copos de avena;
- 1 taza de harina de trigo;
- ¾ de una taza de azúcar moreno;
- 1 cucharadita de canela;
- 100 gramos de mantequilla sin sal, derretida.

Procedimiento:

1. Precalienta el horno a 180 ºC
2. Pela las manzanas (no olvides añadir las mondas a tu compostador o criadero de lombrices), después pártelas en cuadraditos de 1,5 centímetros.
3. Coloca los trocitos de manzana en una fuente para hornear y rocíalos con harina, azúcar, canela y zumo de limón.
4. Para preparar la cobertura, mezcla todos los ingredientes en un cuenco con los dedos hasta que se formen grumos, después extiende la masa sobre la mezcla de manzana.
5. Hornea entre 30 y 40 minutos o hasta que el crujiente quede dorado. Déjalo reposar 10 minutos antes de servir.
6. Servir caliente, acompañado de un helado de vainilla.

MERMELADA DE FRESA CASERA

La mermelada es muy fácil de hacer y es una forma excelente de aprovechar la fruta que esté empezando a pasarse. Mejor aún, puedes guardar la mermelada en un tarro reacondicionado ¡e incluso aprovecharla como regalo!

Ingredientes:

- 500 gramos de fresas, sin hojas;
- 350 gramos de azúcar glas;
- ½ cucharada de la cáscara de un limón;
- 1 cucharada de zumo de limón;
- 1 tarro reacondicionado para la mermelada (hiérvelo durante 10 minutos para esterilizarlo).

Procedimiento:

1. Mete las fresas, el azúcar glas, la cáscara y el zumo de limón en una cazuela y tritura suavemente con un prensa patatas.
2. Pon la cazuela a fuego suave y deja cocer hasta que se disuelva el azúcar. Tiene que disolverse por completo o de lo contrario la mermelada no se asentará bien y puede que salgan grumos.
3. Sube el fuego a temperatura media-alta y deja que la mezcla hierva rápidamente durante 10 minutos, removiendo a menudo. Utiliza un cucharón de madera para remover y ten cuidado para que no te salte la mermelada hirviendo.
4. Para comprobar si está en su punto, pon una cucharadita de mermelada en un plato y comprueba que, al enfriarse, la superficie se encoge y que al mover el plato la mermelada prácticamente no se desplaza. Si no es así, sigue cocinándola durante unos minutos más.
5. Vierte la mermelada en el tarro y deja que se enfríe por completo antes de cerrarlo. Ten mucho cuidado, ¡porque la mermelada quemará mucho! A lo mejor le puedes pedir a un adulto que te ayude con este paso. Después guarda el tarro en la nevera hasta que te la vayas a comer.

JARDINERÍA Y ACTIVIDADES AL AIRE LIBRE

¿SABÍAS QUE PASAR tiempo al aire libre te hace más feliz? Hay estudios que demuestran que con apenas pasar quince minutos en la naturaleza —haciendo cosas como escuchar el canto de las aves, identificar especies de plantas, mirar al cielo o contemplar el atardecer— te relajas, te sientes más feliz, y tu creatividad y concentración aumentan. Así pues, ¡sal a una zona verde y dale un empujón a tu estado de ánimo!

Una de las mejores formas de experimentar la naturaleza y ayudar a cambiar el mundo es crear tu propio jardín. Ya vivas en una gran finca, en un pequeño bloque de pisos o en un apartamento, siempre encontrarás una forma de poder dedicarte a la jardinería.

UN JARDÍN DE EXTERIOR

EL PRIMER PASO es decidir dónde vas a montar tu jardín. Esto te ayudará a determinar qué clase de plantas puedes cultivar.

Casi todas las plantas que dan flor, incluyendo las frutas y hortalizas, necesitan al menos cinco o seis horas de luz solar al día para crecer. Por eso, si a tu jardín no le da el sol, lo mejor es optar por plantas que prefieran un terreno húmedo. Estas plantas suelen tener hojas de un color verde oscuro. Por otra parte, si dispones de un jardín muy soleado, incluso las plantas que disfrutan con el sol necesitarán un poco de sombra durante los días más calurosos del verano.

Infórmate bien antes de empezar a plantar. Averigua cuánta agua necesitan, qué clase de suelo prefieren (húmedo o bien drenado) y qué altura pueden alcanzar.

Si quieres cultivar plantas comestibles, busca un lugar que sea luminoso por la mañana y sombrío por la tarde.

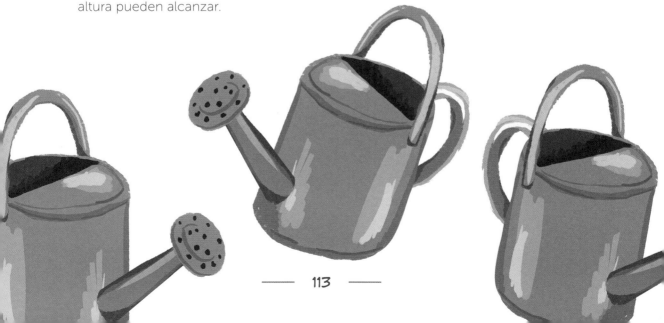

¿QUÉ PLANTAS DEBERÍA ESCOGER?

MUCHO SOL

Albahaca

Romero

Perejil

Salvia

Tomillo

Tomates

Maíz

Judías

Calabacín

Pepino

Pimientos

Lavanda

Caléndulas

Geranios

Capuchinas

MITAD Y MITAD

Cebolletas

Menta

Cilantro

Lechuga

Berza

Espinaca

Zanahorias

Patatas

Nabos

Remolacha

Fresas

Pensamientos

Hortensias

Begonias

Gardenias

MUCHA SOMBRA

Helechos

Potos

Colocasias

Dedaleras

Violeta de los Alpes

Campanillas

Nomeolvides

Alquemila o Pie de león

Azaleas

Azucena anaranjada /
Lirio blanco

Sarcococca

Violetas

Camelias

Mirto

Prímulas

MONTA TU PROPIO JARDÍN DE EXTERIOR

Decide dónde quieres montar tu jardín. Es posible que ya cuentes con un macizo floral, pero, si no es así, puedes pedirles a tus padres que compren unos cajones o jardineras para plantar.

Las jardineras elevadas tienen un montón de ventajas: impiden que las malas hierbas invadan tu jardín; drenan bien el agua, impidiendo que las raíces se pudran; y además la tierra se calienta más rápido que en las jardineras corrientes, lo cual favorece el crecimiento de las plantas.

Si prefieres excavar el lecho floral directamente en la tierra, señaliza la zona y remueve cuidadosamente el terreno con una pala para aflojarla. Después delimita el perímetro que hayas removido, cubre la tierra con papel de periódico y heno, añade compost ¡y empieza a plantar! No olvides regar a menudo el jardín.

Pídeles a tus padres o a algún adulto que te ayuden a seguir estas instrucciones. Y recuerda: ¡ve poco a poco! Aprende primero a cultivar las plantas más sencillas, después podrás ir pasando a otras variedades.

MONTAR UN JARDÍN DE EXTERIOR

1. Recuerda elegir un sitio que reciba al menos cinco horas de luz solar al día. Si no fuera posible, consulta la tabla de la página 115 para ver qué clase de plantas te conviene cultivar. Ten en cuenta también que necesitarás tener acceso a agua corriente, así que trata de elegir un lugar cerca de un grifo o una manguera.

2. Señaliza la zona que ocupará tu jardinera. Intenta que no tenga un ancho superior a 120 cm, para que así puedas alcanzar el punto medio de tu jardín sin necesidad de pisar las plantas.

3. Prepara el terreno utilizando una pala y un rastrillo para remover la hierba y aflojar la tierra. Así conseguirás que drene mejor.

4. Cubre la tierra removida con unas cuantas planchas de cartón humedecido, papel de periódico o heno, o incluso con un paño. Al mantener humedecidos estos materiales, conseguirás que no absorban la humedad del suelo.

5. Delimita el perímetro de tu jardín. Puedes usar tablones de madera resistente al agua, ladrillos, leños, o puedes tirar de inventiva y utilizar rocas para señalizar la zona. Si no quieres delimitarla, bastará con levantar un montículo de tierra en la zona elegida.

6. Llena la jardinera con una mezcla de tierra que hayas adquirido en un vivero local, compost y la tierra propia de la zona.

7. Una vez plantadas las plantas, también puedes cubrir el terreno con una capa de material orgánico, como paja, virutas de madera, restos de corteza o mantillo, para que no salgan malas hierbas, ayudar a conservar la humedad y proteger el terreno.

CONSEJOS PARA — EMPEZAR A — PLANTAR

Una vez preparada la jardinera y elegidas las plantas, es hora de introducirlas en el suelo. Si has seguido los pasos de la página anterior, tu terreno debería estar listo para empezar. Si vas a plantar en otro lecho floral, asegúrate de que la tierra esté removida y de que las raíces puedan atravesarla. Arranca las malas hierbas y, si es posible, enriquece la tierra con compost.

1. Cava un hoyo ligeramente más grande que la maceta en la que venga la planta. Puedes introducirla en el agujero para confirmar que tenga el tamaño adecuado.

2. Presiona suavemente los lados de la maceta para extraer la planta. Después, sujetando la base de la planta, dale la vuelta a la maceta y golpéala un poco más hasta que salga la planta. No tires de ella por el tallo ni por las hojas. Intenta mantener las raíces cubiertas con la mezcla de tierra que trae la maceta. Además, intenta no tocar ni estropear las raíces.

3. Introduce la planta en el hoyo y rellena con cuidado el resto del agujero. Presiona con firmeza el suelo alrededor de la planta para mantenerla derecha.

4. Remoja bien las plantas en cuanto hayas terminado de plantarlas.

5. Para ayudarlas a acostumbrarse a su nuevo hogar, riégalas al menos una vez al día durante las primeras 1-2 semanas. Añade también un poquito de líquido de tu criadero de lombrices.

FELIX FINKBEINER

Alemania

Cuando Felix Finkbeiner tenía nueve años, fundó Plant-for-the-Planet, una organización que se dedica a concienciar e informar a los niños sobre el cambio climático.

La aventura de Felix empezó cuando tuvo que preparar una presentación en clase sobre el cambio climático. Descubrió que el cambio climático supone una amenaza para su animal favorito: el oso polar. Mientras se documentaba para ese trabajo, encontró información sobre una mujer llamada Wangari Maathai, de Kenia, la primera mujer africana galardonada con el Premio Nobel de la Paz. Wangari plantó 30 millones de árboles en 30 años para ayudar a repoblar con árboles algunos terrenos baldíos de África.

Felix se inspiró para emprender su propia cruzada: conseguir que niños de todo el mundo plantaran árboles. Su objetivo era alcanzar un millón de árboles por país. Los árboles absorben el dióxido de carbono y producen oxígeno, lo cual ayudaría a compensar todas las emisiones dañinas de dióxido de carbono. Tres años más tarde, en Alemania, los niños plantaron el millonésimo árbol. Iban camino de cumplir el sueño de Felix.

Pero Felix no se detuvo ahí. Cuando tenía diez años, dio una charla ante el Parlamento Europeo, y cuando tenía trece, habló en la Asamblea General de la ONU. Actualmente tiene veintiún años y su proyecto ha conseguido que se planten más de 15 mil millones de árboles en todo el mundo. Ahora, Plant-for-the-Planet tiene un nuevo objetivo: llegar al billón de árboles.

Más de 70 000 de los niños que colaboran con Felix son embajadores por la justicia climática y tienen edades comprendidas entre los nueve y los doce años. Plant-for-the-Planet planta un nuevo árbol cada quince segundos. ¡Es increíble! Así que dejémonos de tanta cháchara y vamos a plantar.

UN JARDÍN

EN LA

TERRAZA

LOS JARDINES en la terraza son una forma maravillosa de crear un espacio verde en tu apartamento. Además, te permiten cultivar tu propia comida.

Es importante elegir plantas adecuadas para la luz solar disponible en tu terraza. Puedes dedicar unos días a comprobar cuánta luz recibe a lo largo de la jornada. No olvides anotar tus observaciones.

Cómo elegir una maceta: Elige la maceta más grande que quepa en tu terraza. Cuanta más tierra contenga, mejor conservará la humedad, y eso evitará que se sequen las plantas. Compra siempre macetas que tenga agujeros de drenaje, luego colócalas en una bandeja o reviste el fondo con un paño para que la tierra no se desparrame. También puedes colgar las macetas de unos ganchos o de la barandilla de la terraza.

Compra la tierra en un vivero local y no olvides añadir, si tienes, una nutritiva mezcla de compost. Las plantas te lo agradecerán.

> Una vez que determines cuánta luz recibe tu terraza, y cuándo, es hora de elegir las plantas y las macetas.

Las especies crecen bien en macetas, al igual que muchos tipos de flores, frutas y hortalizas. Estas son algunas de las plantas más sencillas de cultivar en maceta (¡pero no olvides comprobar de cuánta luz solar puedes disponer!):

- **Especias:** romero, menta, perejil y cebollino.
- **Frutas/Hortalizas:** lechuga y hojas de ensalada, pepinos, tomates, fresas, naranjos enanos.
- **Flores:** caléndulas, lavanda, geranios, begonias.
- **Crasas:** cualquier planta de esta especie, pero sobre todo el aloe vera.

Las macetas de la terraza tienen muchas ventajas: aparte de un regado habitual, no necesitan mucho mantenimiento; puedes cambiar las macetas de sitio para asegurarte de que reciban el máximo de luz; y si te mudas de casa, ¡puedes llevarte las plantas contigo!

Ante todo, la CLAVE es regar. Uno de los principales motivos por el que las plantas de balcón se mueren es la falta de agua. Salvo que reciban mucha agua de lluvia, tendrás que regarlas prácticamente a diario. Pero recuerda: cada planta necesita una cantidad distinta de humedad, así que revisa bien cuánta agua necesitan las tuyas.

Tampoco olvides nutrirlas. Añade algún abono de crecimiento lento una o dos veces al año para mantenerlas sanas. Si tienes un criadero de lombrices, recuerda utilizar ese nutritivo líquido orgánico con tus plantas.

CONSEJO

Fíjate en la altura que pueden alcanzar tus plantas: si crecen demasiado, darán sombra a las que tengan al lado. Así pues, distribuye las macetas con cuidado para asegurar que todas reciban suficiente luz solar.

CULTIVAR PLANTAS DE INTERIOR

AUNQUE EN CASA no tengas mucho espacio al aire libre, eso no significa que no puedas montar tu propio jardín. Una forma excelente de empezar es cultivando microplantas. Las microplantas son semillas germinadas en el suelo que se han abierto, se han puesto verdes y han desarrollado sus primeras hojas. Son la segunda fase de una planta, después del brote inicial. Las microplantas son sanísimas: puedes usarlas para decorar tus platos, comerlas en ensaladas, condimentar una pizza, añadirlas a una tosta de aguacate o incluirlas en un sándwich. ¡Las puedes combinar con casi cualquier alimento!

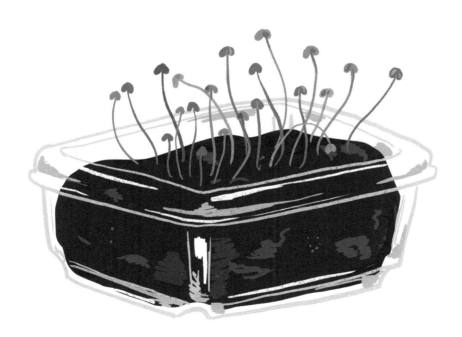

CULTIVA TUS PROPIAS MICROPLANTAS

Una forma genial de reutilizar los recipientes de plástico al comprar frutos del bosque o tomates cherry es cultivar microplantas y especias. Solo necesitarás tener acceso a una buena fuente de luz, como en el alféizar de una ventana o en una mesa próxima a una puerta de cristal.

MICROPLANTAS

ACTIVIDAD

Equipamiento:

- semillas orgánicas de albahaca, remolacha, brócoli, col, apio, cilantro, berza, lechuga, mostaza, perejil, guisantes, rábanos, rúcula, espinaca y muchas otras;
- un recipiente de plástico reacondicionado;
- tierra de tu compostador o de algún vivero local;
- un pulverizador reacondicionado;
- tijeras.

Procedimiento:

1. Prepara las semillas, humedeciéndolas en agua templada durante un par de horas.

2. Mientras tanto, llena unos ¾ del recipiente con tierra. Vierte un poco de agua para humedecerla. Pon el recipiente en un plato para que no se derramen ni la tierra ni el agua.

3. Cuando hayas terminado de humedecer las semillas, disemínalas sobre la tierra. Después cúbrelas con una pequeña cantidad de tierra seca. La cobertura solo necesitará tener medio centímetro de grosor aproximadamente.

4. Cuando empiecen a brotar las semillas, pulveriza agua sobre las plantas con frecuencia para mantener la tierra húmeda, pero sin pasarte. Puedes cerrar la tapa del recipiente para mantener un ambiente húmedo y agradable que ayudará a que germinen las semillas.

5. Cuando los brotes alcancen una altura de entre 2,5 y 10 centímetros, usa las tijeras para cortar los tallos justo por encima de la tierra. ¡Ya estarán listos para comer!

¿SABÍAS QUE...?

Si tus padres tienen semillas de cilantro en el especiero, estas se pueden plantar y darán lugar a una planta completa.

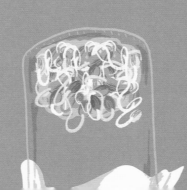

GERMINA TUS PROPIAS ALUBIAS Y LEGUMBRES

Además de los recipientes de plástico reacondicionados, también puedes reutilizar tarros de cristal para germinar tus propias alubias y legumbres. Los retoños son el primer brote que verás después de haber plantado una semilla.

Equipamiento:

- 1-2 cucharadas de alubias o legumbres deshidratadas. Puedes encontrarlas en cualquier tienda de productos a granel. Las mejores son las lentejas, los garbanzos y la soja verde;
- un tarro de cristal reacondicionado;
- un paño de cocina y una goma elástica.

Procedimiento:

1. Enjuaga las alubias, después mételas en el tarro.

2. Llena el tarro con agua.

3. Pon el paño de cocina encima del tarro y sujétalo con una cinta elástica. Déjalo toda la noche.

4. A la mañana siguiente, dale la vuelta al tarro y deja que el agua escurra lentamente. Déjalo hasta por la noche. Entonces vuelve a llenar el tarro con agua y tápalo otra vez con el paño y la goma elástica.

5. Repite este proceso mañana y noche hasta que broten las semillas.

6. Cuando los tallos alcancen el doble de la longitud de la alubia que has elegido, sustituye el paño con la tapa del tarro y déjalo en la nevera hasta que lo consumas. No lo almacenes durante más de 5 días.

ACTIVIDAD

PLANTAS IDEALES — PARA — INTERIOR

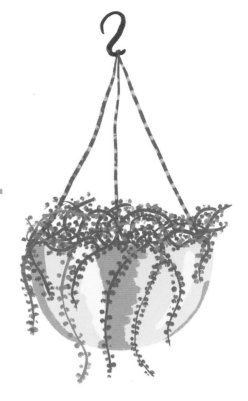

- Poto
- Bambú de la suerte
- Ficus
- Planta de jade
- Hiedra

— JARDINES — COMUNITARIOS

Si vives en un apartamento con poco espacio al aire libre, siempre puedes buscar un jardín comunitario. Son lugares donde la gente de una zona se reúne para colaborar en el cultivo de huertos que producen frutas, hortalizas, flores, plantas y árboles. Estos huertos unen a los vecinos, proporcionan alimentos naturales, aumentan la sensación de bienestar de la gente, son beneficiosos para las abejas y otras especies autóctonas, y además ayudan a reducir los efectos del cambio climático. Si vives en algún barrio de la periferia, es posible que haya un jardín comunitario en las proximidades en el que puedas participar.

Los jardines comunitarios también son una oportunidad ideal para tener acceso a un compostador o a un criadero de lombrices.

RUBY, LA NIÑA DEL CLIMA
Nueva Gales del Sur, Australia

Ruby es una niña perteneciente a la etnia gamilaraay, que adora el planeta y está decidida a hacer todo lo posible para salvarlo. ¡Y para ello espera conseguir toda la ayuda posible!

1. ¿Cuántos años tienes ahora y cuántos tenías cuando te convertiste en «La niña del clima»?

Tengo nueve. Me convertí en «La niña del clima» cuando tenía cinco, tras enterarme de la tasa de extinción de la maravillosa fauna de nuestro planeta. Vi un documental sobre la extinción del rinoceronte negro de África. Descubrí que los humanos tenemos la culpa de que tantas especies hayan desaparecido. Me costó creer que fuéramos el motivo de su muerte, así que decidí averiguar el porqué.

Mis padres me pusieron varios documentales y me ayudaron a buscar información en Internet. También leí muchos libros sobre fauna, vida marina y cambio climático. Aprendí todo lo que pude, porque quería ampliar mis conocimientos y encontrar formas de salvar el planeta.

Decidí empezar a grabar mis propios vídeos dirigidos a niños como yo, para que pudiéramos aprender juntos. Entonces mi madre me preguntó cómo quería que me llamara la gente, y yo le dije: «Ruby, la niña del clima». Así todo el mundo sabrá que voy a hablarles sobre el cambio climático y sobre lo que podemos hacer para salvar el planeta.

Me entristece mucho pensar que los seres humanos hemos permitido que ocurra esto con nuestras malas decisiones.

El motivo por el que me convertí en «La niña del clima» fue para concienciar y demostrar que cualquier niño puede aportar su granito de arena. Aunque soy pequeña, los mayores de mi entorno me han escuchado y me han ayudado con mis ideas para que podamos tomar mejores decisiones. Los niños de mi colegio y mi comunidad cada vez están más concienciados, e incluso tenemos un club medioambiental en la escuela.

2. ¿Dónde te criaste y cómo te inspiró eso en tu vida?

Vivo en Engadine, hogar de los indígenas dharawal, justo al lado de un parque nacional. Este lugar me inspira porque puedo admirar la hermosura de la naturaleza y sentir el deseo de protegerla, consciente de que provee de oxígeno y vida a la fauna que lo habita.

3. ¿Cuál es tu afición o pasatiempo favorito?

Tengo muchas aficiones, pero lo que más me gusta es el senderismo y la jardinería. Estoy aprendiendo mucho sobre plantas, a medida que las cultivo en mi casa. Las planto en mi jardín y también se las doy a la gente para que las cultiven en sus hogares. Cada semilla es una oportunidad de dar vida a nuevas plantas. Cuando voy de senderismo, me gusta admirar la vegetación y comprobar que no crece siguiendo un patrón establecido, sino que brotan allí donde cayó una semilla desde una planta más alta.

4. Cuéntanos lo que haces para salvar el planeta.

Intento informarme y conversar a diario con los mayores sobre lo que podemos mejorar. Hablo con mis padres sobre lo que podemos hacer en casa para reducir, reutilizar y reciclar, y ellos me escuchan y colaboran conmigo para empezar a ser más sostenibles.

También hablo con mis profesores y con otros adultos de mi entorno. Le conté a mi bisabuelo Tom que estaba guardando las semillas de la fruta que comía para germinarlas y cultivar nuevas plantas, y él se puso muy contento al oír eso. Le regalé un naranjo y un limonero y ahora los tiene plantados en su jardín.

También utilizo las redes sociales para compartir ideas, escribir lo que pienso y mostrarle a la gente lo que está pasando en el mundo. Creo que, cuantas más personas se den cuenta de la devastación que se está produciendo, más posibilidades habrá de que haya cambios.

Envío cartas a políticos y empresas para instarles a que tomen mejores decisiones para nuestro planeta. Le he escrito al primer ministro y le he animado a invertir en energías renovables y a frenar las destructivas explotaciones mineras que están dañando nuestros ecosistemas. Cuando escribo a las empresas, les pido que sean conscientes de lo dañino que es el plástico y que busquen alternativas para empaquetar sus productos de un modo sostenible.

5. ¿Cuál ha sido tu mayor logro hasta la fecha?

He cultivado manzanos a partir de unas semillas y ahora son más altos que mi madre. He confeccionado bolsas de tela sostenibles y las personas que las usan ya no necesitan las de plástico. He recaudado dinero para organizaciones que están intentando salvar el planeta.

Pero en el fondo no tengo ningún gran logro, lo único que quiero es concienciar y presionar a los adultos para que tomen mejores decisiones. También quiero que los adultos presionen al gobierno para que emprenda más acciones relacionadas con el cambio climático.

6. ¿Cuál es tu animal favorito y por qué?

Es una pregunta difícil. Me encantan los rinocerontes negros, porque me parecen tan simpáticos e inocentes como unos cachorritos. Me disgusta mucho que los cacen y que haya tantas especies desaparecidas o en peligro de extinción.

Hay otros animales que me encantan porque hacen sonreír a mi madre con sus monerías. Considero que los mamíferos australianos son unos animales increíbles y muy interesantes, un prodigio de la evolución. Por ejemplo, el uombat tiene el marsupio por detrás; así, cuando cava, la tierra no se mete dentro y no asfixia a su cría. Es increíble.

7. ¿Qué consejos les darías a los niños que quieran ayudar a salvar el planeta?

Aprended todo lo que podáis y colaborad con otros niños. Hablad con los adultos y enseñadles que las pequeñas decisiones cotidianas pueden marcar la diferencia. Por ejemplo, consumir menos plástico, menos agua y electricidad, reducir los desperdicios y tomar mejores decisiones con respecto al transporte. Pensad en verde y cultivad plantas: cada una de ellas es un nuevo paso para salvar el planeta.

Todos los meses se talan miles de millones de árboles, así que necesitamos plantar y plantar. La suma de nuestros actos puede dar lugar a algo muy grande. Los árboles son fundamentales para que tengamos aire que respirar, así que debemos protegerlos e impedir que los talen, cuando hay alternativas como el bambú, el reciclaje y las energías renovables.

CULTIVA

COMIDA

ORGÁNICA

Al cultivar tus propios alimentos, también ayudas a reducir las emisiones producidas por los camiones que transportan la comida a las tiendas y supermercados.

LA COMIDA ORGÁNICA es la que se cultiva sin utilizar fertilizantes ni pesticidas químicos. Estas sustancias tóxicas pueden resultar nocivas, ya que están diseñadas para acabar con todo salvo con la planta. Cultivar comida orgánica es beneficioso tanto para ti como para el planeta. No emplear químicos en la fruta y las hortalizas es bueno para las abejas, protege a los insectos y a otros animales, ¡y encima consigue que sepan mejor!

Las mejores formas de fertilizar tu jardín sin emplear químicos son:

◆ utilizar el líquido extraído de un criadero de lombrices;
◆ utilizar compost en vez de fertilizante.

¿SABÍAS QUE...?

En el pasado, toda la comida era orgánica. No fue hasta después de la Segunda Guerra Mundial cuando se introdujeron los insecticidas y los fertilizantes químicos. Estas sustancias fueron descubiertas por los científicos durante la guerra: comprobaron que algunos de los químicos que se empleaban como gas nervioso también podían matar a los insectos. Hasta entonces, la comida no era «orgánica», era simplemente comida.

— ACTIVIDAD —

REPELENTE DE INSECTOS

En vez de emplear herbicidas y pesticidas en tu jardín, prueba con dos sencillas alternativas caseras que te mostramos aquí. Cuando pulverices tus plantas, recuerda que el objetivo es mantener alejados a los insectos hambrientos, no matarlos. Tu jardín es un fabuloso ecosistema en miniatura, lleno de hongos y microbios beneficiosos, así como insectos buenos (mariquitas, mantis religiosas, sírfidos y crisopas) que se comen a los insectos nocivos. No estaría bien dañar tu pequeño ecosistema.

ACTIVIDAD

PULVERIZADOR DE JABÓN

Procedimiento:

1. Vierte una cucharada de copos de jabón en 500 mililitros de agua. Remueve hasta que se disuelva.

2. Mete la mezcla en un pulverizador y rocía las plantas afectadas.

ACTIVIDAD

PULVERIZADOR DE AJO

Procedimiento:

1. Tritura 2 cabezas de ajo enteras en una batidora.

2. Cubre con agua tibia y jabonosa, deja que se empape toda la noche.

3. Cuela el líquido en 1 litro de agua, luego métimelo en el pulverizador y rocía las plantas afectadas.

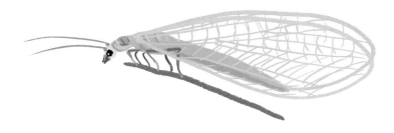

¿SABÍAS QUE...?

También puedes recurrir al cultivo asociado como una forma de ahuyentar a los insectos sin usar pesticidas. Significa juntar diversas plantas que se ayuden entre sí. Por ejemplo, al plantar ajos, cebollino o cebolletas cerca de tus flores y hortalizas, podrás mantener alejados a ciertos insectos. Si cultivas anís cerca de tus hortalizas, también ahuyentarás al pulgón.

CONSEJO

Planta menta, hinojo, eneldo, girasoles y dientes de león con los que atraer a los insectos beneficiosos para tu jardín.

STEPHANIE ALEXANDER KITCHEN GARDEN FOUNDATION

La Stephanie Alexander Kitchen Garden Foundation ayuda a niños de toda Australia a descubrir los beneficios de cultivar, cosechar, preparar y compartir sus propios alimentos frescos de temporada. A través de su programa de cultivo en la cocina, los niños aprenden qué frutas y hortalizas crecen en cada estación, cómo cultivarlas, cuándo cosecharlas y cómo transformarlas en platos deliciosos para compartir.

¿Qué consejos les daríais a los niños que quieran cocinar sus propios y deliciosos alimentos?

1. **Aprovecha la temporada:** descubre qué frutas, especias y hortalizas están de temporada en tu zona. Las encontrarás frescas y a buen precio en el mercado. Cultivar tus propios alimentos en tu jardín —o en macetas, si no tienes mucho espacio— es una manera ideal de saber qué está de temporada.

2. **Experimenta:** desata tu creatividad en la cocina y diviértete descubriendo nuevos sabores, olores y texturas. Crea una Ensalada de la Imaginación al combinar diversas lechugas y brotes tiernos con frutas y hortalizas de temporada. Por ejemplo, tomates jugosos en verano, suculentas calabazas en otoño, tirabeques crujientes en invierno o vibrantes habas en primavera. Remata el conjunto con un aderezo preparado con aceite de oliva, zumo de limón y una pizca de sal. ¡Dale tu toque personal!

3. **Comparte:** reúne a tu familia y amigos para que prueben tus creaciones culinarias. Siéntete orgulloso de lo que has conseguido y siéntate a la mesa con tus seres queridos para compartir la comida que hayas preparado.

LAS ABEJAS SON INCREÍBLES. ¡Son unas de las criaturas más trabajadoras del planeta! Si no existieran, supondría un gran problema para el mundo. Necesitamos abejas para que polinicen nuestras especies locales e incrementen la biodiversidad.

Las abejas también desempeñan un papel importante a la hora de polinizar toda clase de frutas y hortalizas, así como los cultivos que empleamos para alimentar al ganado. Por desgracia, las poblaciones nativas de abejas están amenazadas. Sus hábitats naturales están desapareciendo ante la expansión urbana, que no deja árboles y flores suficientes para que se sustenten. También están desapareciendo debido al uso de pesticidas y a diversas enfermedades.

Uno de cada tres alimentos que consumimos procede de plantas polinizadas por las abejas.

POLINIZACIÓN

La polinización se produce cuando el polen de la parte masculina de la planta se transfiere a la parte femenina. Esto produce nuevos brotes. Algunas plantas pueden polinizarse a sí mismas, y a veces el viento puede transportar el polen de unas plantas a otras. Pero la mayoría necesitan que las abejas y otros insectos completen este proceso tan importante. Las abejas vuelan de flor en flor y, cuando aterrizan, el polen se les pega en las patas. Así, cuando se posan sobre la siguiente planta, transfieren ese polen.

Podemos ayudar a las abejas cultivando plantas beneficiosas para ellas. Entre esas plantas se incluyen:

- ◆ **Flores:** lavanda, margaritas, caléndulas, rosas, dedaleras, capuchinas, geranios, tréboles y girasoles.
- ◆ **Especias:** romero, albahaca, menta, tomillo, perejil, hinojo, cilantro, orégano y salvia.
- ◆ **Árboles cítricos:** árbol de lima, limonero, naranjo y mandarino.
- ◆ **Arbustos y árboles:** calistemo, eucalipto rojo, árbol del té, roble australiano, jacaranda, mirto limón, manzano silvestre.

También podemos apoyar a los apicultores comprando miel local, orgánica y adscrita al comercio justo.

¿SABÍAS QUE...?

Las flores más beneficiosas para las abejas suelen ser amarillas, azules y moradas.

MIKAILA ULMER
Estados Unidos

Cuando tenía cuatro años, Mikaila tuvo que idear un producto para un concurso infantil. Mientras pensaba, ¡le picaron dos abejas en dos semanas! Y las picaduras de abeja no son muy agradables que digamos. De pronto, Mikaila se sintió fascinada por estos animalillos. Se informó acerca de cómo ayudan a nuestro planeta y quiso hacer algo para ayudarlas a ellas.

Más o menos por esa época, Helen, la bisabuela de Mikaila, envió a la familia una receta especial para preparar limonada con semillas de linaza, extraída de un libro de recetas de los años 40. Siguiendo esa receta, Mikaila montó un puesto de venta de limonada, utilizando miel de la zona para endulzarla. Donó un porcentaje de los beneficios a organizaciones locales e internacionales que ayudan a proteger a las abejas.

Ahora Mikaila tiene trece años y es la presidenta de Me & The Bees Lemonade. Su lema es «Compra una botella, salva una abeja». Es una de las empresarias más jóvenes de Estados Unidos y su limonada se vende en más de 500 establecimientos. En 2015, el expresidente Barack Obama la invitó a la Casa Blanca para poder probar su limonada.

Aunque regenta su propia empresa, Mikaila sigue sacando tiempo para seguir con sus estudios. Y todo empezó con un pequeño puesto callejero, donde exprimía los limones ella misma. Desde luego, ¡es tan trabajadora como una abeja!

UN JARDÍN DE MARIPOSAS

¿A QUIÉN NO le gustan las mariposas? Nacen de un huevo para después convertirse en una oruga, se meten en un capullo y cuando vuelven a salir pueden volar. Pero las mariposas no solo hacen bonito, también ayudan a polinizar flores y plantas, igual que las abejas. En su fase de orugas, ayudan a controlar la población de algunas especies de plantas, y son tanto depredadoras como presas.

Las mariposas son extremadamente sensibles a los cambios en su entorno, así que los científicos las estudian para asegurarse de que un ecosistema esté sano. También examinan las cifras de población para evaluar los efectos de problemas medioambientales como el cambio climático.

Los pesticidas, la expansión urbana y el cambio climático suponen una amenaza para estos delicados animales. Aquí te enseñamos varias formas de ayudar a las mariposas y de atraerlas hasta tu zona.

¿SABÍAS QUE...?

Existen unas 20 000 especies de mariposas en el mundo. España alberga más de 200 de esas especies.

CÓMO ATRAER A LAS MARIPOSAS

1. Evita usar pesticidas o herbicidas.

2. Averigua qué especies de mariposas son originarias de tu zona, después investiga qué aspecto tienen sus orugas y de qué se alimentan. ¡Las orugas pueden ser muy quisquillosas con la comida! Cultiva en tu jardín plantas beneficiosas para estas orugas y no te preocupes si algunas de ellas acaban mordisqueadas: recuerda que estás ayudando a las mariposas.

3. Elige una zona soleada —a las mariposas no les gusta pasar mucho tiempo a la sombra— y cultiva flores y plantas ricas en néctar. Por ejemplo, caléndulas, verbenas, heliotropos, alyssum, margaritas, acacias y eucaliptos. A las mariposas les encantan los colores brillantes, así que asegúrate de tener montones de flores coloridas, sobre todo rosas, blancas y rojas.

4. A las mariposas les gustan las plantas frondosas, así que no te molestes en podar demasiado el jardín.

5. A las mariposas les gusta chapotear y absorber humedad. Coloca un plato con un poco de barro diluido en agua en una zona soleada.

ENERGÍA, ELECTRICIDAD Y AGUA

A MENUDO NO valoramos la electricidad y el agua corriente, pues olvidamos lo afortunados que somos de tener acceso a ellas. Eso significa que muchos de nosotros no nos paramos a pensar cuánta energía consumimos y qué impacto tiene ese consumo. La producción de energía origina vapores tóxicos y gases de efecto invernadero, y la mayoría de estos métodos agotan los recursos naturales de la Tierra, como los árboles, el carbón y el gas natural. Consumir menos energía ayuda a preservar esos recursos limitados. También hay una reserva limitada de agua potable en el planeta, así que todos deberíamos aprender a consumirla de un modo cuidadoso y responsable. Además, reducir nuestro consumo de agua en general ayuda a reducir la energía necesaria para hacérnosla llegar.

Ahorrar agua y energía empieza en los hogares. Con unos pequeños cambios, puedes ayudar a crear un planeta más saludable y a asegurar su futuro.

¡Cuanta menos energía consumamos, mejor!

CONSUMIR MENOS ELECTRICIDAD

EXISTEN MUCHAS MANERAS sencillas de reducir el consumo eléctrico, ¡lo cual será beneficioso tanto para el planeta como para las facturas que pagan tus padres!

APAGA LAS LUCES
Cada vez que salgas de una habitación, asegúrate de dejar apagada la luz. (Aunque si alguien grita «¡Eh!», quizá tengas que volver a encenderla).

DESENCHUFA
¿Sabías que los aparatos que están enchufados a la corriente siguen consumiendo energía, aunque no estén encendidos? Apaga las regletas y desenchufa los electrodomésticos como la tostadora o el hervidor cuando no los estés usando. Desconecta también los cargadores de móvil cuando no los utilicéis. Si nadie está viendo la tele, apágala, y no dejes ordenadores ni consolas encendidos durante la noche, ni cuando salgas a la calle a jugar.

¿A qué estás esperando? ¡Ponte a desenchufar sin piedad!

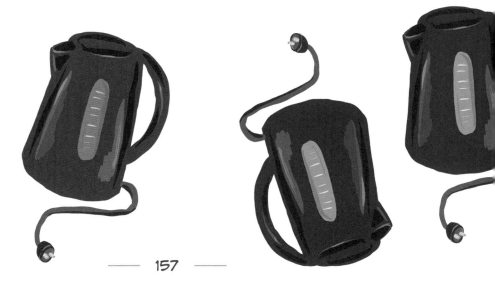

TIENDE LA ROPA

La luz solar es mágica. Además de ser un maravilloso recurso natural, sirve para desinfectar la ropa, porque la luz ultravioleta acaba con las bacterias. Así que en vez de malgastar energía utilizando la secadora, tiende tu ropa al aire libre.

Al lavar la ropa, también es recomendable usar agua fría siempre que se pueda. Calentar el agua para hacer la colada acapara buena parte del consumo eléctrico de un hogar medio.

FRÍO Y CALOR

En la medida de lo posible, intenta no poner la calefacción ni el aire acondicionado. La energía empleada para calentar o enfriar la casa es una de las que más engordan la factura eléctrica, llegando a alcanzar casi la mitad del coste total.

ENERGÍA SOLAR

Dependemos del sol para muchas cosas; sin él, no habría vida en la Tierra. Además, el sol produce una energía que nunca se agota. Podemos absorber esa energía con la ayuda de paneles solares, así no tendremos que emplear los preciados recursos de la Tierra para generarla. Anima a tus padres, a tu colegio y a los establecimientos de la zona a que instalen paneles solares.

—ORGANIZACIÓN—
POWERSHOP

Powershop es una empresa energética que distribuye gas y electricidad a los habitantes de Victoria, Nueva Gales del Sur, el sudeste de Queensland y el sur de Australia. Es el único distribuidor energético australiano que ha reducido su huella de carbono a cero. El dióxido de carbono es un gas de efecto invernadero que se emite cuando la gente consume energía. Powershop colabora con proyectos medioambientales, como la plantación de árboles, para revertir los daños causados por este gas. También fue catalogada por Greenpeace como la empresa energética más verde de Australia en 2014, 2015 y 2018. Al ayudar a la gente a reducir su consumo energético, están colaborando a crear un futuro mejor para nuestro planeta.

¿Qué consejos les daríais a los niños que quieran reducir su consumo energético?

1. Ponte a leer un libro bajo la luz del sol en lugar de quedarte en casa viendo la tele.

2. Que no te dé miedo la oscuridad; las estrellas se ven mejor con las luces apagadas.

3. Ponte un jersey y acurrúcate con tu perro, tu gato, tu conejo o tu cobaya en lugar de encender la calefacción.

4. Si has puesto la calefacción o el aire acondicionado, ¡cierra bien las puertas y las ventanas!

5. No abras y cierres la nevera a todas horas (por desgracia, eso no sirve para que aparezcan alimentos deliciosos por arte de magia, pero sí consume energía).

FINN VICARS
Nueva Gales del Sur, Australia

Finn Vicars es un apasionado de la ciencia, las energías renovables ¡y los inventos! Quiere servirse de la ciencia para crear un futuro mejor para nuestro planeta y ayudar a la gente a pensar en verde y a ser más sostenibles. ¡Incluso llegó a conocer al primer ministro australiano!

1. ¿Cuántos años tienes ahora y cuántos tenías cuando empezaste a interesarte por las energías renovables?
Ahora mismo tengo diez años. Empecé a apasionarme por las energías renovables cuando tenía unos siete.

2. ¿Dónde te criaste y cómo te inspiró eso en tu vida?
He vivido en muchos sitios. Estuve viviendo en Melbourne hasta que cumplí dos años y medio, pero no me acuerdo mucho de esa ciudad. Después me mudé a Sídney hasta los seis o siete, y ahora vivo en una finca al noreste de Nueva Gales del Sur. Ha sido una experiencia maravillosa pasar de un pequeño piso de alquiler, con la playa a un corto paseo de distancia, a estar en una finca grandísima de diez hectáreas. Incluso tenemos nuestra propia porción de río.

3. ¿Cuál es tu asignatura favorita en el colegio y por qué?
¡Las ciencias son mi asignatura favorita con diferencia! Estudio quinto de Primaria, pero asisto a una clase de ciencias de Secundaria. Es mi pasión en todos los sentidos. No sé por qué, pero supongo que se debe a que me gusta entender cómo funcionan las cosas.

4. ¿Qué quieres ser de mayor?
Me gustaría ser astrofísico, físico cuántico y emprendedor. ¡Me encanta inventar cosas!

5. ¿Por qué son importantes los paneles solares?

Los paneles solares —al igual que las demás energías renovables, como la eólica y la geotérmica, entre otras— nos permiten generar la electricidad que tanto necesitamos de un modo que no resulta dañino para el medio ambiente. El cambio climático provocado por la quema de combustibles fósiles y el uso de productos con poca eficiencia energética, como las bombillas incandescentes (¡todo el mundo debería cambiarlas ya mismo!), supone un problema grave. MUY grave.

6. Háblanos del acta «Vivir de la Tierra» que presentaste ante el ex primer ministro Malcolm Turnbull.

Fue un borrador de ley —en otras palabras, una propuesta— para ayudar a que Australia sea un lugar más limpio. Yo quería que el gobierno redujera la huella de carbono de los australianos empleando más energías renovables, más agua recogida de la lluvia, consumiendo más alimentos sostenibles y reciclando más.

7. ¿Cuál ha sido tu mayor logro hasta la fecha?

Supongo que reunirme con el primer ministro. Fue increíble.

8. ¿Tienes algún consejo para los niños que quieran reducir su huella de carbono?

¿Alguna vez te has dado cuenta del poder que tiene darles la tabarra a tus padres? Tienes que cogerlos por banda y decirles: tenemos que poner paneles solares, tenemos que recoger agua de lluvia para el jardín. Incluso con un depósito pequeño es suficiente. Los niños tienen más poder del que se piensan.

¿SABÍAS QUE...?

Además del sol, también puede generarse electricidad a partir del viento, el agua e incluso el abono animal.

AHORRAR

AGUA

EL AGUA ES CRUCIAL para la vida en la Tierra. Aunque la mayor parte del planeta está cubierta de agua, solo un porcentaje muy pequeño es apto para el consumo humano. Además, hace falta mucha energía para procesar y distribuir el agua hasta tu casa. Por eso tenemos que hacer todo lo posible para preservar este recurso tan valioso.

A continuación te dejamos varias maneras sencillas de empezar a ahorrar agua.

ACORTA LAS DUCHAS

¿Sabías que al reducir el tiempo de tu ducha diaria en apenas un minuto puedes ahorrar más de 3500 litros de agua al año? Prueba a usar un temporizador para asegurarte de no pasar más tiempo de la cuenta bajo la ducha.

REUTILIZA EL AGUA

Poner un cubo en la ducha significa que, en vez de que el agua se vaya por el desagüe, podrás ahorrarla. Luego podrás usarla para regar las plantas. Si te pegas un baño, más tarde también podrás reutilizar el agua en el jardín.

CIERRA EL GRIFO
¡Dejar correr el agua supone un desperdicio tremendo! Mientras te cepilles los dientes, no olvides cerrar el grifo. Y cuando friegues los platos, ciérralo según los vayas escurriendo.

EL LAVAPLATOS
Los lavaplatos consumen unos 13 litros de agua por carga, así que ponlo solamente cuando esté lleno.

REUTILIZA LAS TOALLAS
Puedes usar la misma toalla varias veces antes de echarla a lavar. Solo tienes que colgarla para que se seque después de cada uso.

DETECTA LAS FUGAS
Conviértete en un detective de fugas. ¿Hay algún grifo que gotee en tu casa? ¡Asegúrate de avisar a tus padres!

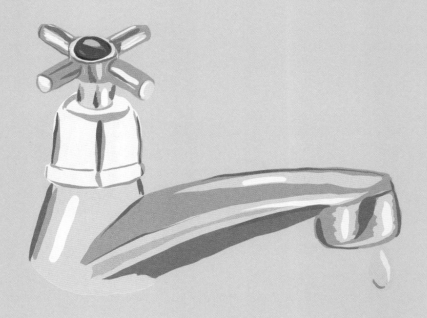

KELVIN DOE
Sierra Leona, África

Kelvin Doe se crio con su madre y sus cuatro hermanos en un pueblecito llamado Freetown, una zona muy pobre de Sierra Leona, en África. A menudo había cortes de energía, y las luces solo se encendían una vez por semana. Kelvin sabía que debía encontrar un modo de arreglar ese problema. Estaba decidido a ayudar a su familia y a su comunidad, pero no tenía demasiados recursos a su alcance.

Cuando tenía diez años, empezó a recopilar aparatos electrónicos de los vertederos y a desmontarlos para ver cómo funcionaban. Sirviéndose de lo que encontró, Kelvin se convirtió en un ingeniero autodidacta. Fabricó una batería para alimentar las luces de su casa y de otros hogares del vecindario, y también construyó su propio transmisor de radio FM. Con el tiempo, fundó su propia emisora. En su comunidad le conocían como DJ Focus, porque Kelvin opina que, si te concentras en lo que haces, serás capaz de crear cualquier invento. A la gente le encantaba su emisora, con la que transmitía noticias y música, y sus oyentes le enviaban mensajes de texto que luego leía en antena.

Un día, Kelvin ganó un premio por un generador que había construido empleando chatarra. También le ofrecieron una estancia de tres semanas en el Instituto Tecnológico de Massachusetts (MIT), en Estados Unidos. Kelvin fue la persona más joven de la historia en recibir esa invitación. Fue la primera vez que salía de su hogar en Sierra Leona, así que echó mucho de menos a su familia, sobre todo a su madre, así como la comida de su país.

Ahora Kelvin tiene veintidós años y es uno de los jóvenes inventores africanos más respetados del mundo. En 2017 fue nombrado como uno de los 100 jóvenes más influyentes en los Africa Youth Awards ('Premios de la Juventud Africana'). Dirige su propia empresa, KDoe-Tech Inc., y también ha creado la Fundación Kelvin Doe.

ACTIVISMO ANIMAL

TANTO SI SON NUESTRAS mascotas como si viven en libertad, los animales pueden resultar adorables, divertidos, hermosos, extraños, misteriosos y espléndidos. Y los humanos compartimos la Tierra con ellos: tienen el mismo derecho que nosotros a considerarla su hogar.

Los animales son lo que hace que nuestro planeta sea tan especial. Sin ellos, el mundo sería un lugar mucho más triste y desolado.

Es importante proteger a los animales del mundo y asegurarse de que reciban un trato digno. Cada animal tiene una vida por delante y su propio mundo interior y emocional, y aunque no siempre podamos comprenderlo, sí podemos respetarlo.

Por desgracia, las principales amenazas para los animales provienen de los seres humanos, lo que significa que es cosa nuestra ayudarlos. Desde las mascotas que tenemos en casa hasta los animales de las granjas, pasando por los animales salvajes que viven en países lejanos, todos los animales de la Tierra necesitan nuestra protección. Y hay muchas formas de hacerlo.

VOLUNTARIADO

MUCHAS PERSONAS que trabajan con animales no lo hacen por dinero, sino porque los adoran. Estas personas tan increíbles cuidan de los animales cuando están amenazados por una herida o enfermedad, cuando se quedan sin hogar, o frente a la caza furtiva y otras actividades humanas como la deforestación y la expansión urbana. Podrías empezar como voluntario en el refugio de animales de tu localidad. Y puede que algún día tengas la oportunidad de ser voluntario en el extranjero, para trabajar con animales como los elefantes, los rinocerontes, las tortugas y los orangutanes.

DATO En 2017, en España se recogieron más de 138 000 perros y gatos abandonados o perdidos.

NO

COMPRES,

ADOPTA

SI TU FAMILIA está buscando una mascota nueva, en lugar de acudir a una tienda o a un criadero, adoptad a un animal de un refugio. Cada año, cientos de miles de animales son sacrificados —en otras palabras, se les da una muerte compasiva— porque no tienen hogar. Así pues, al adoptar a uno de ellos, le estás salvando la vida.

Al decidir no comprar en tiendas de animales, estás negándote a apoyar la existencia de criaderos.

Aunque los animalillos de las tiendas de animales son muy monos, piensa que muchos criaderos (a veces llamados fábricas de cachorritos) son básicamente lugares donde se producen cachorritos para luego venderlos. Los animales que viven en estos criaderos a menudo subsisten en condiciones pésimas, en entornos sucios y abarrotados, y no reciben los cuidados ni la atención médica que necesitan.

Adquirir una mascota supone una decisión importante y un compromiso enorme, tanto de tiempo como de dinero. Los animales necesitan muchos cuidados y mucho cariño todos los días. Hay que adiestrarlos, alimentarlos, bañarlos, ejercitarlos y llevarlos al veterinario con frecuencia. Así pues, antes de adquirir una mascota, asegúrate de estar preparado para todo lo que conlleva.

HABLA
EN SU
NOMBRE

LOS ANIMALES TIENEN su propio lenguaje. Por desgracia, eso significa que cuando alguien les hace daño, no nos lo pueden contar.

Tenemos que convertirnos en la voz de esos animales que no pueden pedir ayuda cuando la necesitan. Si presencias un maltrato animal, denúncialo. Si ves a un animal herido, no lo dejes ahí, llévalo a un veterinario.

La mayoría de sociedades protectoras de animales recomiendan seguir estos tres pasos:

1. Si encuentras a un animal herido, enfermo o abandonado, disipa cualquier posible amenaza sobre él. Esto incluye mantener alejada a la gente y a otras mascotas para minimizar el estrés del animal hasta que llegue el equipo veterinario o de rescate.

2. Si es posible, mete al animal en un lugar cálido, oscuro y tranquilo. Por ejemplo, envuélvelo con suavidad en una toalla y métalo en una caja con tapa y ventilación. Luego llévalo con cuidado al veterinario más cercano o espera a que venga alguien en tu ayuda.

3. No le des comida ni agua al animal, salvo que te lo indique un veterinario o algún otro profesional.

Ten a mano el número de teléfono del equipo de rescate animal de tu localidad, por si te encuentras algún ejemplar herido. Cuando lo lleves al veterinario, llámales para explicarles en qué clínica se encuentra, para que puedan contactar con ellos.

TOMA

CONCIENCIA

Otra forma de hablar en nombre de los animales es enviar una carta al Ministerio de Agricultura, al gobierno de tu Comunidad Autónoma, a tu ayuntamiento o a un periódico, expresando tu preocupación sobre el trato que se les da a los animales.

También puedes concienciar a los empleados de las tiendas y supermercados de tu zona, animándolos a trabajar con productos que sean respetuosos con los animales.

Y lo más importante, puedes correr la voz entre tus amigos, familiares, profesores y compañeros de clase, para que se concien, conozcan el impacto que tienen sus decisiones, y para que sepan cómo pueden aportar su granito de arena. Recuerda utilizar el refuerzo positivo: esto significa explicar por qué esos cambios son buenos para los animales, en lugar de centrarse solo en por qué lo que hace la gente está mal.

CONTRA LA CRUELDAD

ELIGE SIEMPRE PRODUCTOS que no se hayan obtenido por medios crueles. Esto implica no comprar alimentos producidos empleando prácticas inhumanas. Asegúrate de que la carne que consumas provenga de un lugar donde los animales vivan en buenas condiciones, y de que las gallinas que ponen los huevos que comes reciban un trato digno.

Al comprar cosméticos, elige aquellos que utilicen ingredientes naturales y no hayan sido testados con animales. Puede resultar difícil saber si un producto se ha obtenido sin crueldad fijándose solo en el paquete, así que intenta investigar los productos que compres y las empresas que los fabrican.

CONSEJO

Al cultivar tu propia comida, no uses
pesticidas. Aparte de que los bichos e
insectos son animales como los demás,
los pesticidas son muy dañinos para
los ecosistemas, ya que muchas otras
criaturas dependen de esos insectos
como fuente de alimento. La exposición a
las sustancias químicas de los pesticidas
también puede estar relacionada con
el cáncer, las dolencias de hígado o de
riñones y las malformaciones fetales en
multitud de especies diferentes. Algunos
pesticidas afectan incluso al canto de
los pájaros, lo que les imposibilita
encontrar pareja.

— DI NO AL —
ACEITE DE PALMA

Es muy difícil evitar el aceite de palma, ya que se encuentra en multitud de productos para el hogar, incluyendo la bollería, los caramelos, champús, jabones, maquillaje, pasta de dientes y productos de limpieza. Puede aparecer entre los ingredientes con muchos nombres distintos, dificultando así la tarea de saber si los productos que consumes contienen aceite de palma.

El 90 % del aceite de palma procede de Malasia e Indonesia. Se extrae de una clase de palmera que se cultiva de una forma que destruye los bosques pluviales que conforman el hábitat de los orangutanes. La demanda de aceite de palma ha crecido tan rápido que los orangutanes se están quedando sin sitio donde vivir y ahora se los considera una especie seriamente amenazada. Los orangutanes son unas criaturas nómadas y majestuosas que comparten el 98 % de nuestro ADN. Tenemos que hacer algo antes de que los perdamos para siempre.

Al no consumir aceite de palma, ayudamos a reducir la demanda, lo que ralentiza la destrucción del hogar de los orangutanes.

La Fundación Internacional del Orangután de Australia ha publicado esta lista de nombres alternativos del aceite de palma:

- aceite de fruto de palma
- aceite de semilla de palma
- aceite vegetal
- ácido esteárico
- ácido palmítico
- alcohol cetílico
- alcohol palmítico
- cetil palmitato
- cocoato sódico
- cualquier ingrediente que contenga la palabra «palma»
- dodecilsulfato sódico
- elaeis guineensis
- emulsionantes 422, 430-436, 470-8, 481-3, 493-5
- estearato
- estearina de palma
- glicerina vegetal
- lauril éter sulfato de sodio
- lauril lactilato de sodio
- lauril sulfoacetato de sodio
- monoestearato de glicerina
- palmitato
- palmitato de octilo
- palmitato de retinol
- steareth 2 y 20

Ten esta lista a mano y, cuando vayas a comprar, revisa las etiquetas. Evita productos que contengan alguno de estos ingredientes.

CONSEJO

El azúcar de palma y la goma natural son seguros y no contienen aceite de palma. Para asegurarte, puedes probar a comprar en tiendas como merkabio.com, que no venden ningún producto con aceite de palma.

Si ves aceite vegetal entre los ingredientes de un alimento, mira a ver si se trata de un producto rico en grasas saturadas. Si lo es, lo más probable es que contenga aceite de palma, a no ser que el producto incluya también aceite de coco.

COME MENOS PRODUCTOS ANIMALES

EL SIMPLE HECHO de ir a la compra es uno de los métodos más efectivos para combatir la crueldad hacia los animales. Empieza reduciendo la cantidad de carne, huevos y productos lácteos que consumes. Toma conciencia de lo que comes, lo que significa elegir cuidadosamente la carne y asegurarse de que provenga de un lugar donde traten bien a los animales.

Aquí te dejamos unos consejos para introducir cambios positivos en tu dieta:

- Introduce los cambios poco a poco. Experimenta siendo vegetariano uno o dos días a la semana para ver qué tal te va.
- Determina qué hortalizas te gustan más y conviértelas en la estrella de tu almuerzo.
- Piensa en la leche que bebes. ¿Sabías que las vacas solo producen leche después de haber dado a luz a un ternero? Eso significa que es preciso separarlas de sus crías para poder recoger su leche. Plantéate beber otras bebidas vegetales, como la de soja, la de arroz y la de almendras. Asegúrate de que esas bebidas estén enriquecidas con calcio, para favorecer la salud de tus huesos.
- Si hay cafetería en tu colegio, anímalos a que sirvan más platos vegetarianos, y a que eviten los huevos y los productos cárnicos de producción masiva. Anima a tus amigos y familiares a que se sumen a tu iniciativa.
- Recuerda tener la mente abierta para probar toda clase de alimentos.

Si decides comer menos carne y lácteos, coméntalo primero con tus padres. Es importante aumentar la ingesta de alimentos que contengan vitamina D, calcio, proteínas, hierro y ácidos grasos omega 3. Si vas a dejar de consumir productos animales, puede que también necesites tomar suplementos de vitamina B12. Estos son algunos alimentos que puedes consumir más para obtener los nutrientes que necesitas:

Vitamina D ---------- Champiñones y bebida vegetal de almendras enriquecida con vitamina D. La luz solar también te vendrá bien.

Calcio ---------------- Tofu rico en calcio; semillas de sésamo; fruta deshidratada; alimentos enriquecidos como las bebidas vegetales de soja y la de almendras; hortalizas como la berza, el brócoli y el bok choy (col china).

Proteínas ------------ Alubias, lentejas, garbanzos, frutos secos, quinoa, chía, tofu, avena, arroz salvaje, bebida vegetal de soja.

Hierro --------------- Lentejas, tofu, quinoa, arroz integral, harina de avena, calabaza, anacardos, espinacas, zumo de ciruelas pasas.

Omega-3 ----------- Chía, semillas de cáñamo, alubias rojas, coles de Bruselas, nueces, algas, arándanos y arroz salvaje.

CONSEJO

Consumir menos productos animales no es solo una cuestión alimentaria, sino vital. Hay otras formas de incorporar cambios positivos a tu vida, tales como evitar productos testados con animales o dejar de comprar productos que provengan de ellos, como el cuero, la lana y las pieles.

VOICELESS

Voiceless —un instituto de protección animal en Sídney, Australia— fue fundado por un padre y una hija: Brian y Ondine Sherman. El apasionado equipo de Voiceless trabaja para educar e inspirar a los jóvenes sobre cómo proteger a los animales. También aporta información y herramientas a los profesores para enseñar a sus alumnos la importancia de las relaciones entre humanos y animales. Además, dirigen un plan de estudios para las facultades de Derecho donde imparten clases sobre asuntos de protección animal en nuestro sistema legal, para tratar de inspirar un cambio positivo.

¿Qué consejos les daríais a los niños que quieran ayudar a los animales?

1. Voiceless recomienda introducir lentamente un modo de vida saludable, basado en los vegetales. Cambiar tu dieta diaria tiene un efecto directo sobre las vidas de los animales más maltratados y vulnerables. ¡Y hay muchas alternativas deliciosas y nutritivas!

2. Hazte voluntario en un refugio para animales de tu zona. Muchos animales, desde perros hasta cerdos y gallinas, han sufrido traumas o abandonos. El tiempo y los cuidados que les dediques pueden ayudarlos a curarse y a hacer que se sientan queridos.

3. Adopta un papel activo sumándote a protestas contra la crueldad hacia los animales y firmando peticiones. Puedes escribir incluso una carta al ayuntamiento de tu localidad sobre algún tema que te preocupe. Todo el mundo, sin importar su edad, puede aportar su granito de arena.

4. Organiza una colecta de fondos para tu ONG favorita. Puedes montar una barbacoa con productos vegetales, una yincana o incluso un puesto de limonada. También es una forma genial de hablar con la gente sobre los temas que te preocupan.

GENESIS BUTLER
Estados Unidos

Cuando Genesis Butler tenía tres años, su comida favorita eran los *nuggets* de pollo. Pero cuando le preguntó a su madre con qué se preparaban, dejó de comer carne. A los seis años, le preguntó a su madre de dónde procedía la leche. Cuando se enteró de que era la leche que las vacas generaban para sus crías, tomó la decisión de hacerse vegana. No tardó en animar a su familia para que se unieran a ella.

Al ser vegana, Genesis sabe que está ayudando tanto a los animales como al planeta. A los diez años, impartió su primera conferencia TEDx sobre la conexión entre el medio ambiente y el consumo de productos animales, y sobre cómo el veganismo puede ayudar a regenerar el planeta. Genesis ha ganado muchos premios por su activismo, incluyendo uno por su defensa del veganismo —otorgado por Animal Hero Kids y Paul McCartney—, otro Premio al Niño Vegano del Año y otro más al Joven Activista del Año.

Ahora tiene once años y ha creado su propia fundación sin ánimo de lucro llamada Genesis for Animals, con la que ayuda a recaudar fondos para refugios de animales y equipos de rescate. A través de su fundación, quiere salvar a todos los animales posibles.

Aunque está implicada activamente en el movimiento por los derechos de los animales, Genesis sigue sacando tiempo para divertirse. Le encanta jugar al fútbol, cantar, bailar, coser, dibujar y pasar tiempo con sus amigos.

COCINA VEGETARIANA

Los famosos saladitos pueden convertirse fácilmente en una opción vegana si empleamos una pasta hecha con aceite, en lugar de mantequilla, y si no le metemos huevo al relleno. Ten en cuenta que, al no usar huevo para ligar los ingredientes, el relleno quedará un poco más grumoso.

RECETA

SALADITOS VEGETARIANOS

Ingredientes:

- ½ taza de lentejas deshidratadas;
- 2 tazas de caldo de verduras;
- 2 cucharadas de aceite de oliva;
- 1 cebolla, cortada fina;
- 1 zanahoria, rallada;
- 2 barritas de apio, ralladas;
- 2 dientes de ajo, picados;
- 2 cucharadas de mostaza en grano;
- 3 cucharadas de perejil recién cortado;
- 1 taza de pan rallado;
- sal y pimienta, para sazonar;
- 2 huevos (opcional);
- 3 láminas de hojaldre congelado;
- semillas de sésamo (opcional).

RECETA

Procedimiento:

1. Precalienta el horno a 200 ºC y cubre una bandeja con papel para hornear.

2. Para cocinar las lentejas, ponlas en una cazuela con el caldo de verduras y llévalo a ebullición. Después baja el fuego y deja que cueza durante 20-30 minutos o hasta que las lentejas se ablanden. Escurre y déjalo a un lado para que se enfríe.

3. Calienta el aceite de oliva en una sartén a fuego medio, después añade la cebolla, la zanahoria, el ajo y el apio. Cocínalo hasta que se dore la cebolla. Añade la mostaza, cocina dos minutos más y luego déjalo enfriar.

4. En un cuenco grande, combina las lentejas, la mezcla de cebolla frita, el pan rallado y el perejil. Añade sal y pimienta al gusto. Añade los huevos y remueve hasta que se mezclen bien todos los ingredientes.

5. Corta las láminas de hojaldre por la mitad y luego extiende el relleno por el borde más largo de cada trozo. Haz un rollito con la masa y une los bordes, después córtalo en cuatro trozos iguales. Repite el proceso hasta que hayas utilizado todo el relleno.

6. Pon los rollitos en la bandeja del horno y pínchalos con un tenedor. Si añades semillas de sésamo, humedece con una brocha la parte superior de los saladitos para que las semillas se queden pegadas. Hornea durante 15-20 minutos o hasta que se dore el hojaldre.

PARQUES
— NACIONALES Y —
RESERVAS NATURALES

Los parques nacionales y las reservas naturales están concebidos para proteger y preservar las especies únicas de animales y ecosistemas que contienen, así como algunos espacios de importancia cultural para nuestro país. Son lugares protegidos e increíblemente hermosos, con entornos variados que incluyen bosques, playas, cuevas y formaciones rocosas.

Cuando visites un parque nacional, no tires basura ni dejes nada a tu paso, y asegúrate de no salirte de los senderos señalizados. Muchas especies vegetales son muy delicadas y no les gusta que las molesten. También es importante no dar de comer a la fauna silvestre, ya que sus organismos no están diseñados para consumir comida humana y podrían enfermar.

También puedes plantearte colaborar como voluntario en un parque nacional. Siempre hace falta gente para ayudar a eliminar ciertas malas hierbas. También puedes hacer una donación para colaborar con algún programa de conservación.

En algunos parques nacionales se realizan actividades familiares e infantiles para concienciar a la gente sobre su importancia y sobre lo que podemos hacer para proteger nuestra fauna.

DI NO

AL USO DE ANIMALES CON FINES LÚDICOS

No apoyes los lugares donde se utilice a los animales con fines lúdicos, como carreras de animales, circos, parques acuáticos y zoos donde tengan a los animales en espacios muy reducidos o sometidos a exigentes rutinas de entrenamiento que los estresen. Los animales deberían poder vivir libremente en sus hábitats naturales y no deberíamos usarlos para nuestro divertimento. En vez de eso, opta por una excursión familiar a algún sitio donde los traten bien.

SOLLI RAPHAEL
Nueva Gales del Sur, Australia

Solli Raphael es un poeta y escritor que anima a los jóvenes a que tomen partido y luchen por la igualdad social, el medio ambiente y la protección de los animales. Con sus escritos, aspira a abordar toda clase de problemáticas sociales, tanto grandes como pequeñas.

1. ¿Cuántos años tienes ahora y cuántos tenías cuando empezaste a escribir y a participar en recitales de poesía?

Acabo de cumplir catorce años. Cultivo la poesía y otros géneros narrativos, y empecé cuando tenía unos siete años. Recuerdo que escribía cómics que a veces tenían pasajes con rima. Solía hacerlo en mi tiempo libre, cosa que no ha cambiado, ya que aprovecho para escribir los fines de semana, las vacaciones o incluso los viajes en coche de camino a los torneos de tenis en los que participo. Me empezó a gustar la poesía desde muy pequeño, cuando mi madre me leía poemas, pero empecé a escribir mis propios poemas cuando tenía unos diez años. Luego empecé a participar en recitales cuando cumplí los doce.

2. ¿Dónde te criaste y cómo te ha inspirado eso en tu vida?

Me he criado en una ciudad costera de unos 75 000 habitantes. La playa, el monte bajo y los campos de cultivo forman parte de mi región, ya que vivo entre el Océano Pacífico y la Gran Cordillera Divisoria, en la costa norte de Nueva Gales del Sur. Después de clase, cuando estaba en Primaria, salía a jugar a la calle o ayudaba a mi madre con nuestro huerto ecológico. Por eso creo que esa conexión con la naturaleza me ha inspirado para ser un poeta apasionado, ya que siempre tiendo a escribir sobre la protección medioambiental. También he visto de primera mano lo que ocurre cuando la gente no valora o cuida la tierra como es debido, ya sea por medio de la explotación forestal en nuestra región, de las granjas comerciales que contaminan las aguas abusando de los pesticidas, o de los ayuntamientos que talan árboles centenarios para urbanizar una zona, dejándola sin sombra. O incluso cuando la gente tira basura al suelo, que después ingieren los animales y les puede causar la muerte. He visto todo eso miles de veces y me resulta frustrante, porque creo que sería muy fácil evitarlo. Encuentro inspiración por todas partes.

3. ¿Cuál es tu afición o pasatiempo favorito?
No puedo decidirme por uno, pero me encanta ir a la playa, leer y trabajar en mi poesía, mis libros y mis proyectos como emprendedor.

4. ¿Qué es lo que más te inspira en tu poesía?
A veces, aunque sé que en ocasiones recurren al sensacionalismo, las noticias pueden inspirarme. Ver lo que ocurre en el mundo suele producirme enfado o desolación, así que esas emociones me conducen a escribir un poema. La cuestión es que cada día tenemos dos elecciones: hacer un cambio positivo o negativo. Y eso nos otorga tal poder, que quiero que los demás se den cuenta de que el futuro está en nuestras manos. Las noticias solo nos ofrecen un punto de vista, así que dedico mucho tiempo a investigar los hechos, algo con lo que también disfruto.

5. ¿Cuál ha sido tu mayor logro hasta la fecha?
Sería o bien tener mi propio libro, *En el candelero,* publicado en varios países, o recitar uno de mis poemas ante un público de 35 000 personas en los Juegos de la Commonwealth de 2018, celebrados en Gold Coast. ¡Me lo pasé genial! O aquella vez que impartí una conferencia TEDx. Ese probablemente fue el logro más difícil de conseguir. También fue un honor convertirme en el ganador más joven de la competición de poesía escénica de Australia. Lo siento, es difícil elegir una cuando ha habido tantas grandes oportunidades.

6. ¿Tienes algún consejo para que otros jóvenes pueden empezar a aportar su granito de arena?
¡SÍ! Es más fácil de lo que pensáis. Solo tenéis que pensar qué queréis hacer para cambiar las cosas... y hacerlo realidad. Como siempre me ha gustado escribir, he aprendido a utilizar la escritura para expresar mis pensamientos. Si alguien no tiene muy claro qué puede hacer para aportar su granito de arena, aquí os dejo algunos consejos:
- Descubre lo que te apasiona o te inspira y busca formas de conectar con ello. ¡La charla que di en TEDx trató sobre eso!
- Busca personas que te inspiren y síguelos por redes sociales o vídeos en YouTube. Aprende de los que han encontrado su camino para colaborar con causas importantes más allá de sus necesidades.
- Concéntrate en una sola causa cada vez, si no podrías sentirte abrumado por la cantidad de causas abiertas que hay.

7. **Si pudieras cambiar una única cosa en el mundo, ¿cuál sería?**
Apostaría por políticas gubernamentales que combatan la codicia y las malas decisiones medioambientales, para que el planeta pueda recuperarse del cambio climático y la contaminación. Y también para que las personas pobres y vulnerables del mundo puedan disfrutar de una vida mejor.

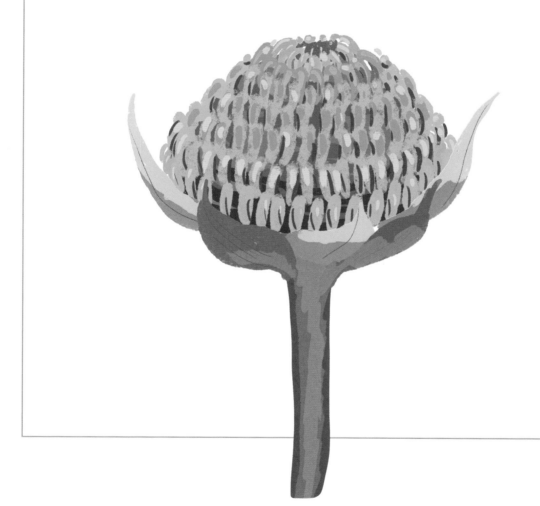

BUENAS ACCIONES

CAMBIAR EL MUNDO NO significa solo ayudar al planeta y a sus plantas y animales. También significa aportar tu granito de arena a las vidas de quienes te rodean. Trata bien a la gente, porque a veces el mundo puede ser muy cruel. Además, se ha demostrado científicamente que tratar bien a los demás también resulta beneficioso para ti. La bondad hace que nuestros cuerpos generen una sustancia llamada serotonina, que nos hace sentir más felices y optimistas.

A veces cuesta ser amable cuando te sientes decaído, pero vale la pena intentarlo. Puede que incluso empieces a sentirte mejor: cualquier buena acción, por pequeña que sea, sirve para ayudar a tu familia, a tus amigos, a la gente que te rodea, al medio ambiente y al mundo en general.

El mundo puede ser un lugar difícil para mucha gente, ya sea porque estén enfermos o sean mayores, pobres, vivan en la calle, se sientan solos, desdichados, o simplemente porque tengan un mal día.

TRATA SIEMPRE BIEN A LOS DEMÁS

INTENTA TRATAR BIEN a los demás cada día con estas sencillas pautas:

- Sonríe a la gente. Una sonrisa hace que todos nos sintamos mejor.
- Da siempre los buenos días.
- Escucha a los demás antes de responder. ¡A la gente le gusta contar sus cosas!
- Hazle un cumplido a alguien.
- Sujétale la puerta a alguien.
- Ofrécele tu asiento a alguien en el transporte público.
- En el colegio, saluda a todos aquellos con los que no suelas hablar.
- Trata de entender cómo se sienten los demás. Es lo que se llama empatía.
- Si alguien parece disgustado, pregúntale qué le pasa.
- Ayuda a los demás en los momentos difíciles. Si tus padres tienen mucho trabajo, échales una mano.
- Realiza alguna tarea en casa sin que te lo pidan y sin decírselo a nadie.
- Dale las gracias a la gente cuando te digan algo bonito.
- Prepara el desayuno para tu familia, o ayuda a un amigo o un hermano con sus deberes.
- Recuerda tratarte bien a ti mismo también.

UN DIARIO DE BUENAS ACCIONES

Crea tu propio diario y anota una cosa buena que hagas cada día. ¡Para ser buena gente hace falta práctica!

PERDONAR

Descubre el poder del perdón. Cuando te sientas enfadado o dolido, tal vez te cueste sobreponerte a esos sentimientos. Toma la decisión consciente de dejar atrás el resentimiento, la rabia o los pensamientos vengativos y haz las paces. Es lo mejor para todos, pero sobre todo para ti. No te obsesiones con los errores que haya podido cometer la otra persona. Perdonar a alguien no implica estar de acuerdo con lo que hizo, significa que puedes pasar página y dejarlo atrás.

Se ha demostrado que el perdón reduce el estrés y la ansiedad, aumenta la felicidad, mejora la autoestima e incrementa las emociones positivas.

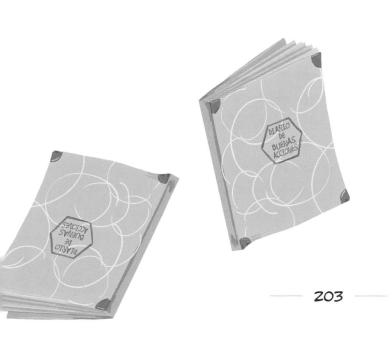

CAMPBELL REMESS

Tasmania, Australia

A Campbell Remess le apodan Abejorro. Confecciona ositos de peluche para hacer felices a niños hospitalizados de todo el mundo. Le encanta coser y, aunque le costó mucho trabajo, estaba decidido a cumplir su idea de fabricar ositos para regalárselos a los niños enfermos por Navidad. ¡Abejorro ha confeccionado más de 1700 ositos! Junto con Project 365, donde sigue confeccionando estos peluches, Campbell también fundó Kindness Cruises ('cruceros solidarios'), cuyo objetivo es regalar cruceros a las personas que padezcan enfermedades potencialmente fatales.

1. ¿Dónde te criaste?
Me crie en Acton Park, en Tasmania, Australia.

2. ¿Cuántos años tienes ahora y cuántos tenías cuando empezaste a confeccionar ositos de peluche?
Ahora tengo quince años, pero apenas nueve cuando empecé con los osos.

3. ¿Qué te inspiró para confeccionarlos?
Era Nochebuena y me puse a pensar en los niños que estaban en el hospital. Quise sorprenderlos con unos regalos.

4. ¿Cuál es tu parte favorita del proceso? ¿Por qué elegiste los osos?
Mi parte favorita es cuando veo el rostro terminado de cada oso. Los elegí porque a todo el mundo le gustan los osos.

5. Háblanos de Project 365.
Project 365 se encarga de distribuir los osos que confecciono entre niños hospitalizados de todo el mundo. Lo llamé así porque, cuando empecé, le pregunté a mi madre cuántos osos tendría si fabricaba uno al día durante un año, y ella me dijo que 365.

6. ¿Cuál ha sido tu mayor logro hasta la fecha?

Yo diría que es ver sonreír a la gente cuando están pasando una mala racha. Aunque estén sufriendo, cuando les regalo un oso se olvidan de todo durante un rato. Eso es lo que más me gusta.

7. ¿Por qué es importante tratar bien a los demás?

Porque lo cambia todo. Siempre tienes el poder de elección sobre tus palabras y tus actos, siempre existe la posibilidad de actuar bien. Lo importante es practicar a menudo para poder optar siempre por la senda más positiva.

8. ¿Qué consejos les darías a los niños que quieran aportar su granito de arena?

Sed amables cuando se os presente la ocasión. La bondad es un músculo que no se puede ver, pero se siente. Cuanto más practiquéis la bondad, más la fortaleceréis. No tenéis que hacer nada fuera de lo normal, os saldrá con naturalidad. Lo sabréis cuando llegue el momento. Solo tenéis que optar por la opción más positiva.

DONAR Y COMPARTIR

Si alguien está necesitado o en peor situación que tú, comparte lo que tienes con él, aunque simplemente sea tu almuerzo. Dona la ropa y los juguetes que ya no utilices a alguna tienda u organización benéfica. Pero recuerda dar solo aquellas cosas que estén en buen estado y todavía se puedan utilizar. Las tiendas benéficas tienen que gastar mucho dinero cada año para intentar deshacerse de los artículos que no consiguen vender.

CREA
CONCIENCIA

CUANTA MÁS GENTE esté al tanto de un problema, mejor. Infórmate todo lo posible sobre aquellos asuntos que te parezcan importantes. Por ejemplo, puede que estés especialmente interesado en algunos de los temas que hemos tratado en este libro:

- contaminación por plástico;
- moda sostenible;
- reducir los residuos;
- las industrias de la carne, el pescado y los huevos;
- comida orgánica;
- ahorrar agua y energía;
- el bienestar animal.

O puede que te preocupen otras causas importantes, por ejemplo:

- jóvenes sin hogar;
- personas afectadas por desastres naturales como los huracanes, las inundaciones y los terremotos;
- refugiados y personas que buscan asilo;
- la educación infantil;
- la investigación y el tratamiento del cáncer.

Una vez que te hayas informado, conciencia a tus familiares y amigos sobre esa cuestión. Puedes iniciar una petición en Internet para concienciar a la gente y aportar tu granito de arena, o escribir una carta a algún periódico. Haz correr la voz y ayuda a los demás a saber más sobre ese tema. Alienta el debate en tu comunidad. Haz lo que puedas para conseguir implicar a la gente en estas causas.

RECAUDAR
FONDOS

Puedes recaudar fondos para una buena causa. Como Mikaila Ulmer, puedes montar un puesto de limonada y donar el dinero que recaudes a una causa que te parezca importante. O si se te da bien alguna otra cosa —como coser, tejer, pintar, fabricar abalorios, la cocina, la cerámica o las manualidades con madera—, puedes vender los artículos que fabriques para recaudar dinero.

Piensa en todas las cuestiones que te preocupen y anótalas, después busca organizaciones que colaboren con esas causas. En sus páginas web, encontrarás información acerca de cómo donar el dinero que recaudes y otras formas de convertirte en parte de la solución.

ADELINE TIFFANIE SUWANA

Indonesia

Adeline Tiffanie Suwana vive en Indonesia. Cuando era pequeña, empezó a preocuparse por los desastres naturales que se producían en su ciudad natal. A los doce años, formó una comunidad de jóvenes como ella llamada Sahabat Alam, que significa 'amigos de la naturaleza'.

Junto con su grupo, Adeline empezó a cultivar manglares y arrecifes de coral, y colaboró con la cría de peces y la protección de las tortugas. Después empezó a abordar diversos problemas medioambientales, a organizarse para limpiar residuos en las playas y a fundar clubes verdes en los colegios.

A través de Sahabat Alam, Adeline también ayudó a poner en marcha un proyecto para construir un generador hidroeléctrico con el que proporcionar electricidad a las aldeas más remotas.

Adeline ha servido de inspiración para multitud de jóvenes, tanto de su comunidad como del mundo entero, creando una generación de niños que aman la naturaleza y el medio ambiente, y que quieren hacer algo para protegerlo.

En 2009, fue galardonada con el Premio Action for Nature International Young Eco-Hero, por su increíble labor.

ORGANIZACIÓN

OZHARVEST

OzHarvest es la principal organización de recogida de alimentos de Australia. Los restaurantes y otros establecimientos de comida tienen que seguir unas directrices de seguridad alimentaria muy estrictas. Los alimentos frescos solo pueden almacenarse durante unas horas. Una vez cocinados o puestos a la venta, los alimentos que no se han consumido o vendido en unas pocas horas, tienen que tirarse a la basura. OzHarvest se encarga de recoger cualquier excedente de comida que puedan tener estos establecimientos, para así impedir que se desperdicien. Después los reparten entre más de 1300 organizaciones benéficas. Así no solo combaten el desperdicio de comida, sino que además ayudan a quienes más lo necesitan.

¿Qué consejos les daríais a los niños que quieran aportar su granito de arena?

1. ¡Lucha por la comida! Un tercio de la comida que se produce se echa a perder, lo cual es un disparate, habiendo tanta gente hambrienta. No malgastes tu comida: cómetela toda, ¡sobre todo la que lleves en tu fiambrera!

2. ¡Valora la comida! Dedica un tiempo a pensar cómo se producen y se cultivan esos alimentos, cuánto tiempo conlleva y qué recursos se utilizan. Si ves una zanahoria un poco fea, cómprala. Si una manzana tiene una magulladura, cómetela. Desperdiciar comida es lo peor que se puede hacer, así que no la tires.

3. ¡Sé parte del cambio! Hay muchas formas de aportar tu granito de arena, desde comprobar que en tu casa o en tu colegio no se tire comida, hasta ensuciarte las manos en el jardín al cultivar tus propios alimentos. También puedes poner en marcha un compostador o un criadero de lombrices. ¡El planeta te lo agradecerá!

CREA UN TARRO NAVIDEÑO

Ve guardando en un tarro reacondicionado todas las monedas sueltas que pasen por tus manos a lo largo del año. En Navidad, dona todo el dinero a la ONG que elijas. Pon en el tarro una etiqueta con el nombre de la organización que hayas elegido para así recordar a diario por qué estás luchando.

Hay mucha gente necesitada y tú puedes ayudarles a tener una Navidad mejor. Crear el tarro puede ser un proyecto divertido, y puedes hacer que otros miembros de tu familia colaboren también. Deja el tarro en algún lugar destacado de tu casa, para que todos puedan aportar.

Estas son algunas de las ONG a las que puedes donar:
- Fundación Aladina
- Un juguete, una ilusión
- Fundación Pequeño Deseo
- Unicef
- Payasos sin fronteras
- Fundación Theodora
- Oxfam
- Fundación ANAR
- Cruz Roja Española

¿SABÍAS QUE...?

Louis Braille solo tenía quince años cuando inventó el braille, un sistema de lectoescritura para personas ciegas o con deficiencias visuales.

ACTIVIDADES EN GRUPO

TODOS DEBEMOS COLABORAR

Aunque es importante que cada persona introduzca cambios en su vida para ayudar al planeta, también lo es que trabajemos en colaboración con nuestros familiares y amigos. Así que únete a todo aquel que esté dispuesto a acompañarte en tu cruzada para cambiar el mundo. Estas son algunas de las cosas que podéis hacer en grupo:

- Organizar la proyección de algún documental sobre el medio ambiente y ofrecer aperitivos ecológicos y libres de plástico. Entre los documentales que podéis elegir se incluyen:
  - *Life*, narrado por David Attenborough
  - *Planeta Tierra*
  - *Planeta azul*
  - *Viviendo con un dólar*
  - *Mucho más que miel*
  - *Reinos ocultos*
  - *Un cuento polar*
  - *Océanos*
  - *La hora 11*

- Organizar la limpieza de una playa, un parque o un río.

- Salir a recoger basura con tus amigos. Elige el parque de tu localidad, la playa, un río o alguna reserva natural. Llevad cada uno un par de guantes y un cubo y recoged todos los desperdicios que encontréis para mejorar la calidad de vida de esa zona.

- Montar un puesto de limonada con el que recaudar dinero para una ONG.

- Preguntarles a tus padres si podéis compartir coche, ir en bici o a pie cuando tengáis que desplazaros a algún sitio.

- Correr la voz. Tomar conciencia es el primer paso para cambiar las cosas. Durante la cena, comenta lo que has aprendido en este libro y anima a los demás a que sigan tu ejemplo para empezar a introducir cambios.

RECURSOS

GENTE POR EL CAMBIO

Amy and Ella Meek

kidsagainstplastic.co.uk

facebook.com/kidsVplastic

Campbell Remess

project365.org

facebook.com/
  project365bycampbell

Earth Bottles

earthbottles.com.au

instagram.com/earthbottles

Elif Bilgin

elif-bilgin.com

instagram.com/elifbilginofficial

Felix Finkbeiner

plant-for-the-planet.org/en/home

facebook.com/FFinkbeiner

Genesis Butler

genesisforanimals.org

instagram.com/
  aveganchildsjourneygenesis

Good On You

goodonyou.eco

instagram.com/goodonyou_app

Jean Hinchliffe

instagram.com/jeanlola.h

Josh Murray

joshsrainboweggs.com.au

instagram.com/joshsrainboweggs

Katie Stagliano

katieskrops.com

instagram.com/katieskrops

Kelvin Doe

twitter.com/Kelvinbdoe

Maya Penn

instagram.com/mayasideas

facebook.com/mayasideas

Mikaila Ulmer

meandthebees.com

instagram.com/mikailasbees

Molly Steer

strawnomore.org

instagram.com/
    strawnomoreproject

OzHarvest

ozharvest.org

instagram.com/ozharvest

Powershop

powershop.com.au

Ruby the Climate Kid

facebook.com/TheClimateKid

twitter.com/theclimatekid

Solli Raphael

instagram.com/solli_raphael

facebook.com/solliraphael

Stephanie Alexander Kitchen Garden Foundation

kitchengardenfoundation.org.au

instagram.com/sakgf

Take 3 for the Sea

take3.org

instagram.com/take3forthesea

The Compost Revolution

compostrevolution.com.au

instagram.com/
    thecompostrevolution

Voiceless

voiceless.org.au

instagram.com/voiceless.org.au

ORGANIZACIONES

Alimentos de temporada: soydetemporada.es

Amigos de la Tierra: tierra.org

Amigos de los Ríos: amigosdelosrios.com

Asociación Nacional Amigos de los Animales: anaaweb.org

Coordinadora Estatal de Comercio Justo: comerciojusto.org

Ecoembes (organización especializada en reciclaje): ecoembes.com

Ecologistas en Acción: ecologistasenaccion.org

El Refugio (ayuda a perros y gatos abandonados y/o maltratados): elrefugio.org

FESBAL (Federación Española de Bancos de Alimentos): fesbal.org

Fundación Vida Sostenible: vidasostenible.org

Greenpeace España: es.greenpeace.org

GREFA (Grupo de Rehabilitación de la Fauna Autóctona y su Hábitat): grefa.org

Nuevavida Adopciones: nuevavida-adopciones.org

Rescate Animal: somosrescateanimal.org

Territorios Vivos: territoriosvivos.org

WWF España: wwf.es

TIENDAS

Ajedrea Cosmética Ecológica: ajedrea.com

Ecoalgrano: ecoalgrano.com

Merkabio: merkabio.com

Planeta Huerto: planetahuerto.es

ONG

1 Kilo de Ayuda: fundacionaltius.org/1-kilo-de-ayuda

Acción contra el Hambre: accioncontraelhambre.org

Acompartir: acompartir.es

ANAR (Ayuda a Niños y Adolescentes en Riesgo): anar.org

Ayuda en Acción: ayudaenaccion.org

Cáritas: caritas.es

Cruz Roja Española: cruzroja.es

Fundación Aladina: aladina.org

Fundación Diversión Solidaria: diversionsolidaria.org

Manos Unidas: manosunidas.org

Médicos Sin Fronteras: msf.es

Save the Children: savethechildren.es

Unicef: unicef.es

Veterinarios Sin Fronteras: vsf.org.es

PARQUES NACIONALES

Doñana: donanareservas.com

Monfragüe: parquedemonfrague.com

Parques Nacionales Interactivos de España: parquesnacionales.ign.es

Picos de Europa: parquenacionalpicoseuropa.es

Sierra de Guadarrama: parquenacionalsierraguadarrama.es

Sierra Nevada: andalucia.org/es/espacios-naturales/parque-nacional/sierra-nevada/

AGRADECIMIENTOS

El viaje que emprendí al escribir este libro lo hice bien acompañada.

Mi mayor agradecimiento va para el maravilloso equipo de Pantera Press, sin el que este libro no existiría. Ali, Marty, John y Jenny, gracias por creer en mí y por brindarme nuevas y emocionantes oportunidades. Gracias a mi editora, Lex, por tu perspicacia y sabiduría, y por recordarme que aparcara mi faceta de editora durante un tiempo y me dedicara a escribir. Y gracias al resto de mi talentoso, comprometido y apasionado equipo: James, Anna, Katy, Anabel, Lucy, Anne y Kirsty.

Gracias a Elly Clapin, estrella del diseño, que convirtió mis palabras en algo hermoso.

Y a Astred Hicks, cuyas ilustraciones de interior y de portada siguen alucinándome cada vez que las veo. Has hecho que mi libro cobre vida.

Gracias a mi correctora, Vanessa Lanaway, por tus atentos y considerados comentarios.

Gracias a James Searle, mi asesor en compostaje y criaderos de lombrices. Siempre me apoyas con mis ideas, siempre estás ahí para prepararme la cena después de un largo día y para ayudarme con cualquiera que sea mi próximo proyecto.

Gracias a mis padres, Francesca y Adrian, que son mi mayor apoyo y siempre han estado ahí. Gracias también a mi familia: Chip, Maddy, Jerry y Olivia.

Mil gracias a todos los niños y organizaciones que hicieron posible este libro y me inspiraron con su pasión: Molly Steer, Frieda y Felix Montefiore, Jean Hinchliffe, Josh Murray, Ruby Tarman, Finn Vicars, Solli Raphael, Campbell Remess, Amy y Ella Meek, Maya Penn, Elif Bilgin, Katie Stagliano, Felix Finkbeiner, Mikaila Ulmer, Kelvin Doe, Genesis Butler, Adeline Tiffanie Suwana, Earth Bottles, Good On You, Take 3 for the Sea, The Compost Revolution, Stephanie Alexander Kitchen Garden, Powershop y OzHarvest.

Por último, muchas gracias a ti y a todos los demás niños que quieren aportar su granito de arena. Juntos cambiaremos el mundo.

SOBRE LA AUTORA

Lucy Bell es una editora literaria y profesora de música que se ha embarcado en una cruzada para llevar una vida más ética, sostenible y concienciada.

Tras obtener su licenciatura en Humanidades por la Universidad de Sídney, con especialidad en Historia Inglesa y Antigua, Lucy estudió un máster de edición. Ahora trabaja para una editorial con mucha conciencia social que, entre otros proyectos, ayuda a financiar campañas y organizaciones sin ánimo de lucro para acabar con la brecha de alfabetización.

Lucy se crio en la región de Central Coast, en Nueva Gales del Sur, rodeada de cuatro hermanos, un gato, dos perros, dos ovejas, un lagarto, trece gallinas y montones de cobayas. Ahora vive en Sídney y, mientras riega el jardín de su terraza, sueña con tener algún día su propia granja en el campo.

NOTAS DE LA AUTORA

Las ideas recogidas en este libro solo son el comienzo de tu cruzada para ayudar al mundo y salvar nuestro planeta.

Ahora depende de ti.

Sigue informándote sobre lo que puedes hacer para colaborar y asegúrate de que esos cambios se produzcan. Siempre se puede hacer más. Anímate a cambiar las cosas e inspira a los demás para que sigan tu ejemplo.

Puedes hacer cualquier cosa que te propongas, incluso cambiar el mundo.